D0923967

¡Cuánta bondad!

Quino
¡Cuánta bondad! -9ª. ed. -Buenos Aires: Ediciones de la Flor, 2008.
128 p. ; 28x20 cm.

ISBN 978-950-515-746-4

1. Humor gráfico argentino I. Título
CDD A867

Diagramación y tapa: Paula Beinstein

Novena edición: marzo de 2008

Gorriti 3695, C1172ACE Buenos Aires, Argentina.
www.edicionesdelaflor.com.ar

Hecho el depósito que dispone la ley 11.723
Impreso en la Argentina
Printed in Argentina

QUINO

¡Cuánta bondad!

EDICIONES DE LA FLOR

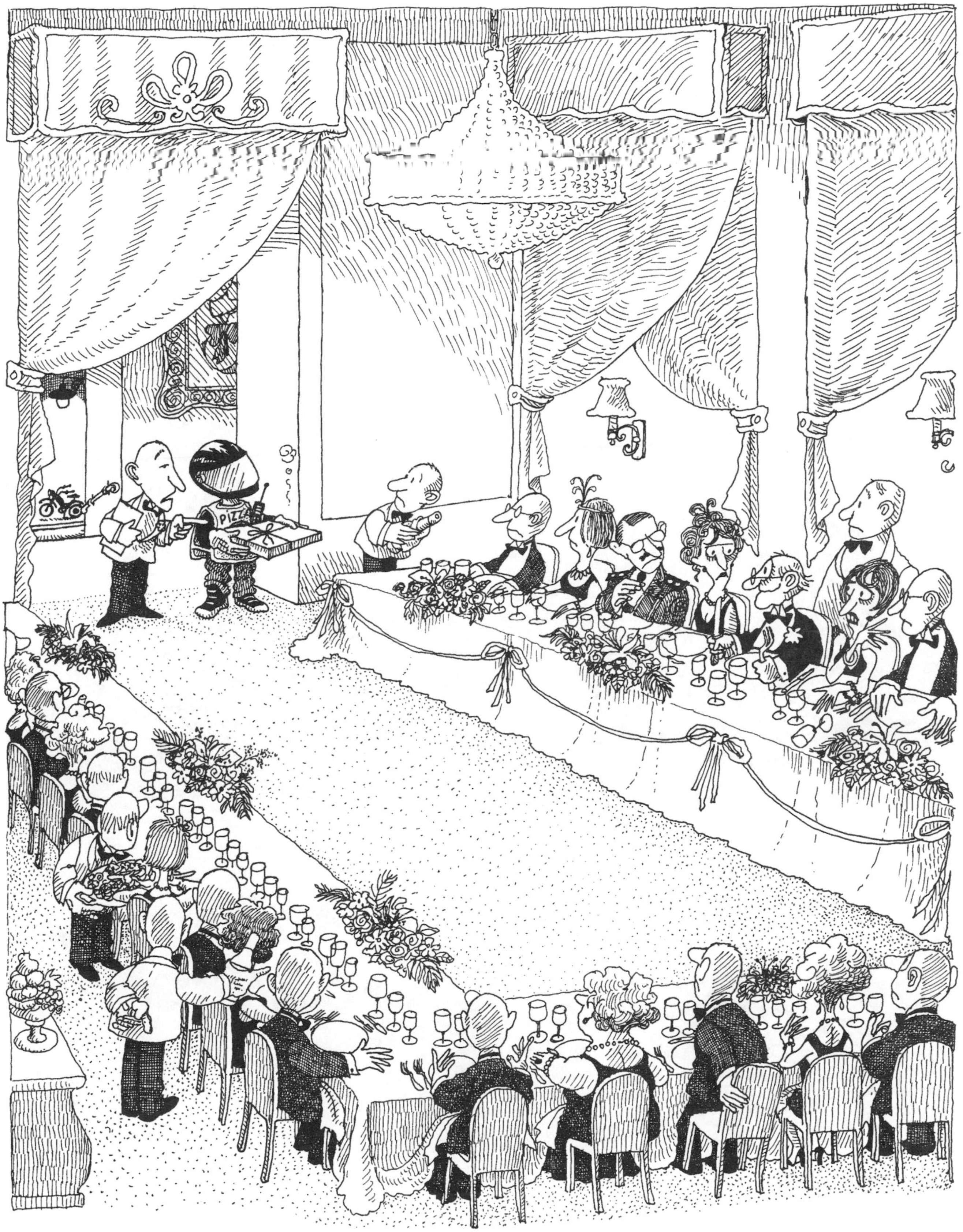

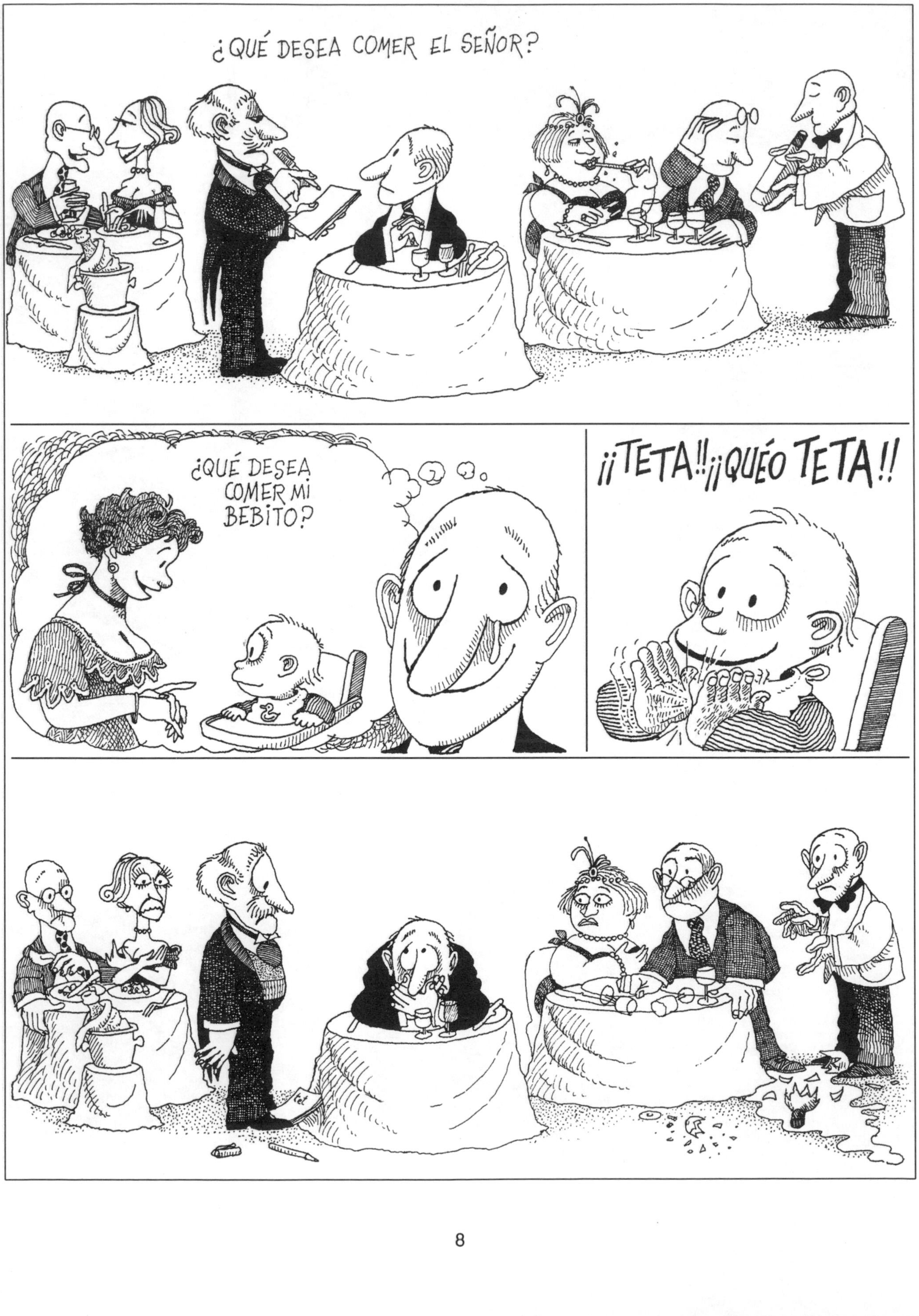
¿QUÉ DESEA COMER EL SEÑOR?
¿QUÉ DESEA COMER MI BEBITO?
¡¡TETA!! ¡¡QUÉO TETA!!

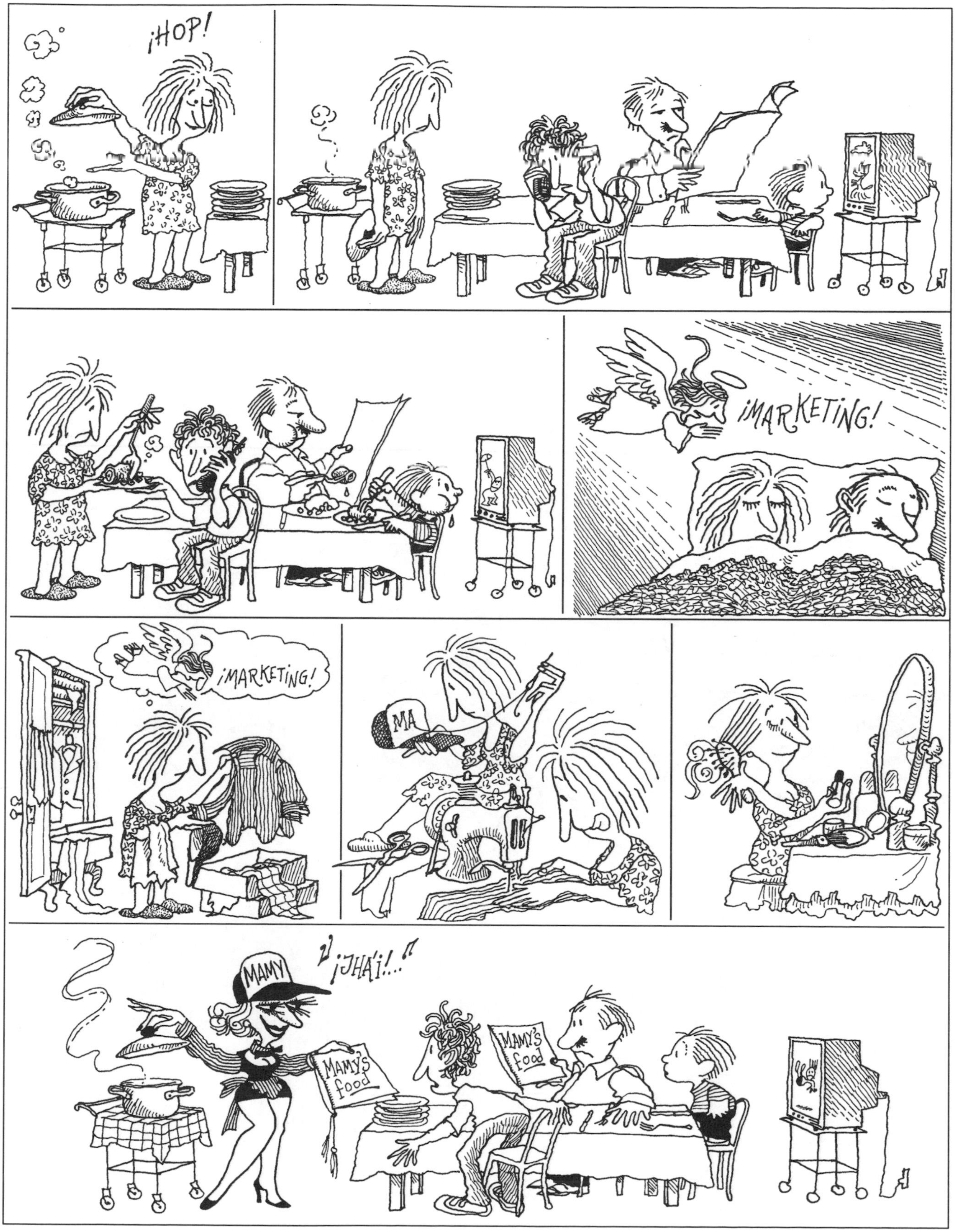
¡HOP!
¡MARKETING!
¡MARKETING!
MA
MAMY
¡JHA'i!...
MAMY'S food
MAMY'S food

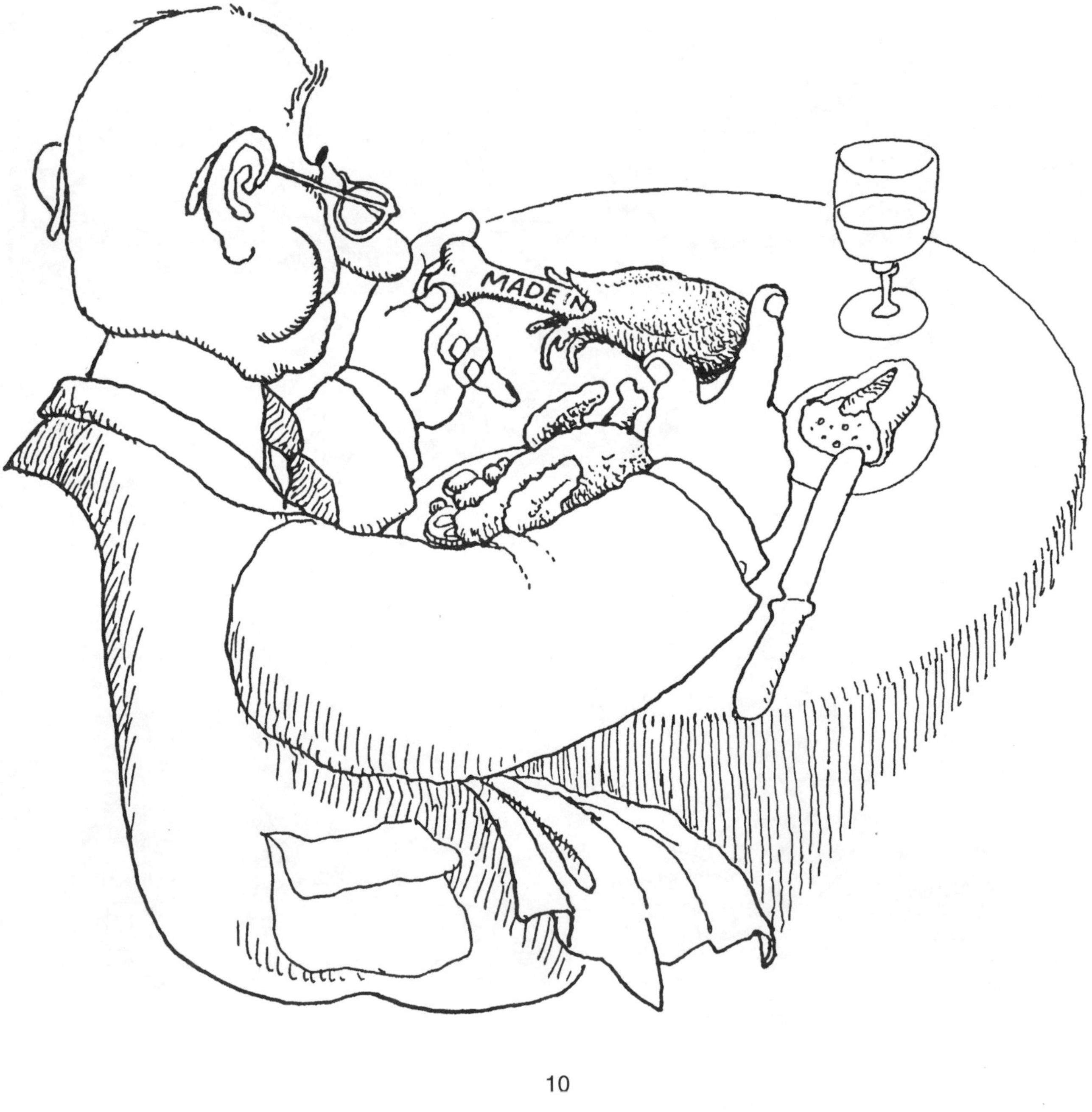
MADE IN

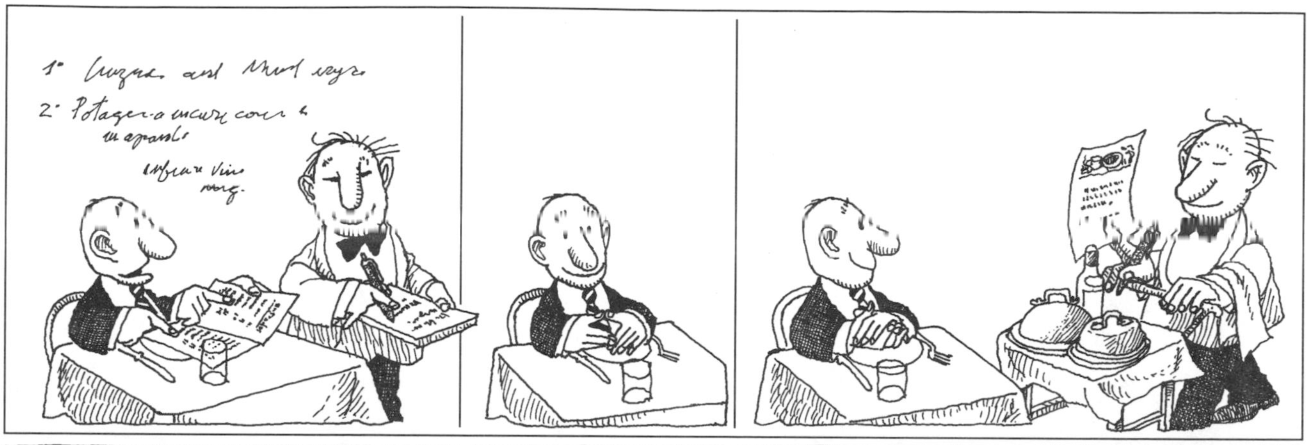

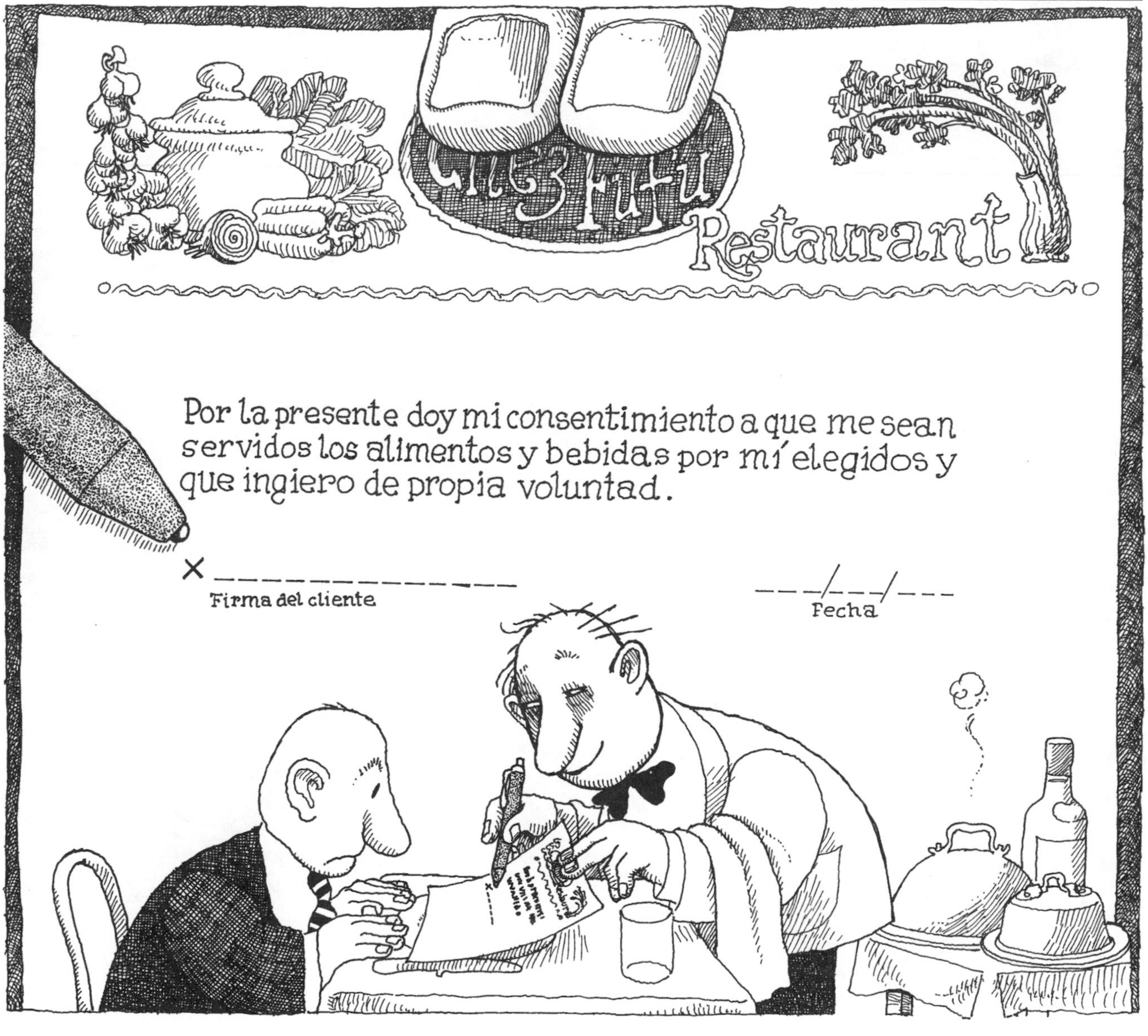
Restaurant
Por la presente doy mi consentimiento a que me sean servidos los alimentos y bebidas por mí elegidos y que ingiero de propia voluntad.
X
Firma del cliente
Fecha

~UNA PEQUEÑA FORMALIDAD: SU FIRMA, POR FAVOR.

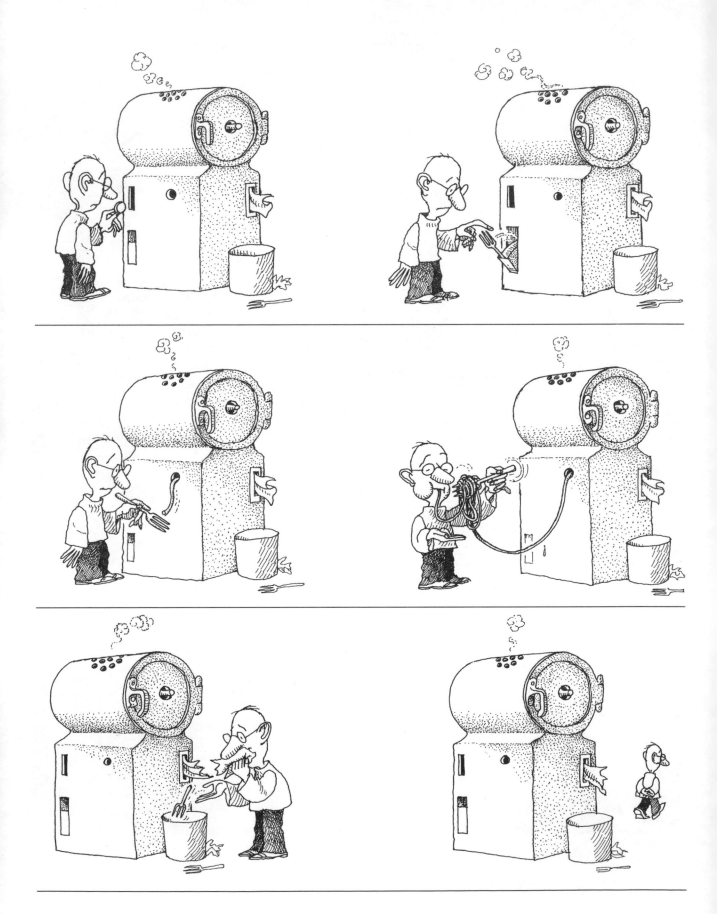

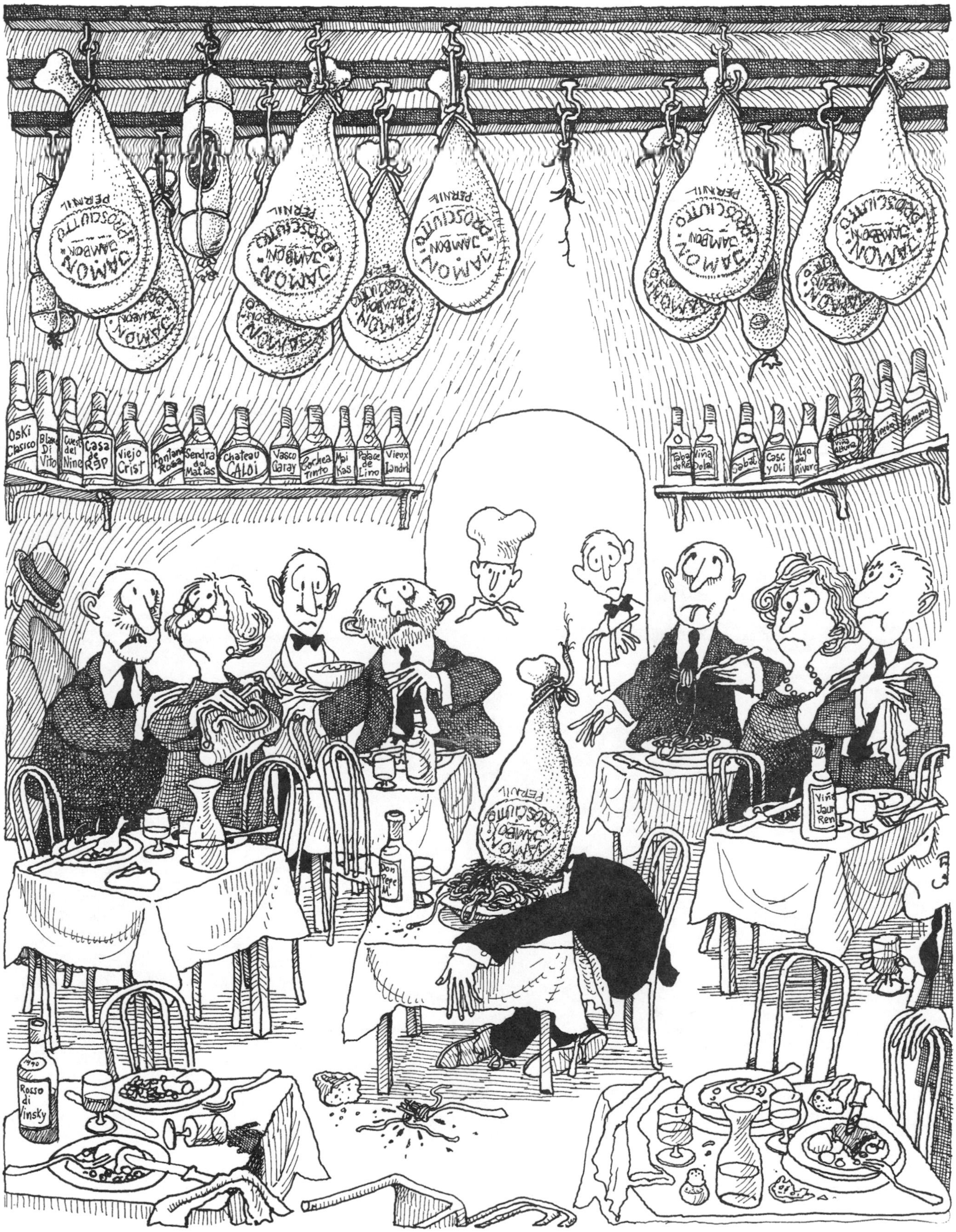
Oski Clasico
Viejo Crist
Sendra del Matias
Chateau CALOI
Vasco Garay
Corchea Tinto
Palace de Lino
Casc y Oli
Aldo del Rivaro
Viña Altura
Don Pepe M.
Rosso di Vinsky

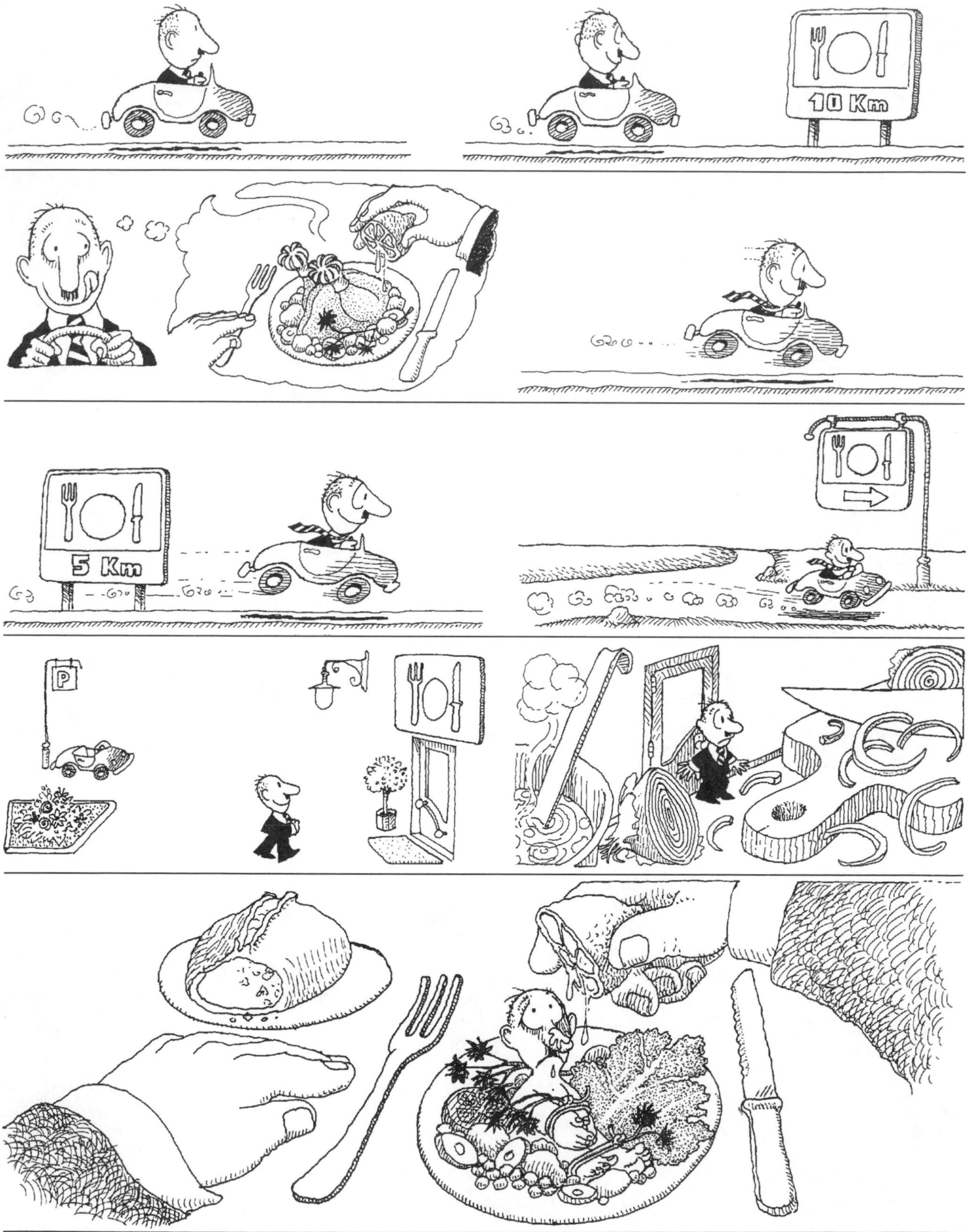
10 Km
5 Km
P

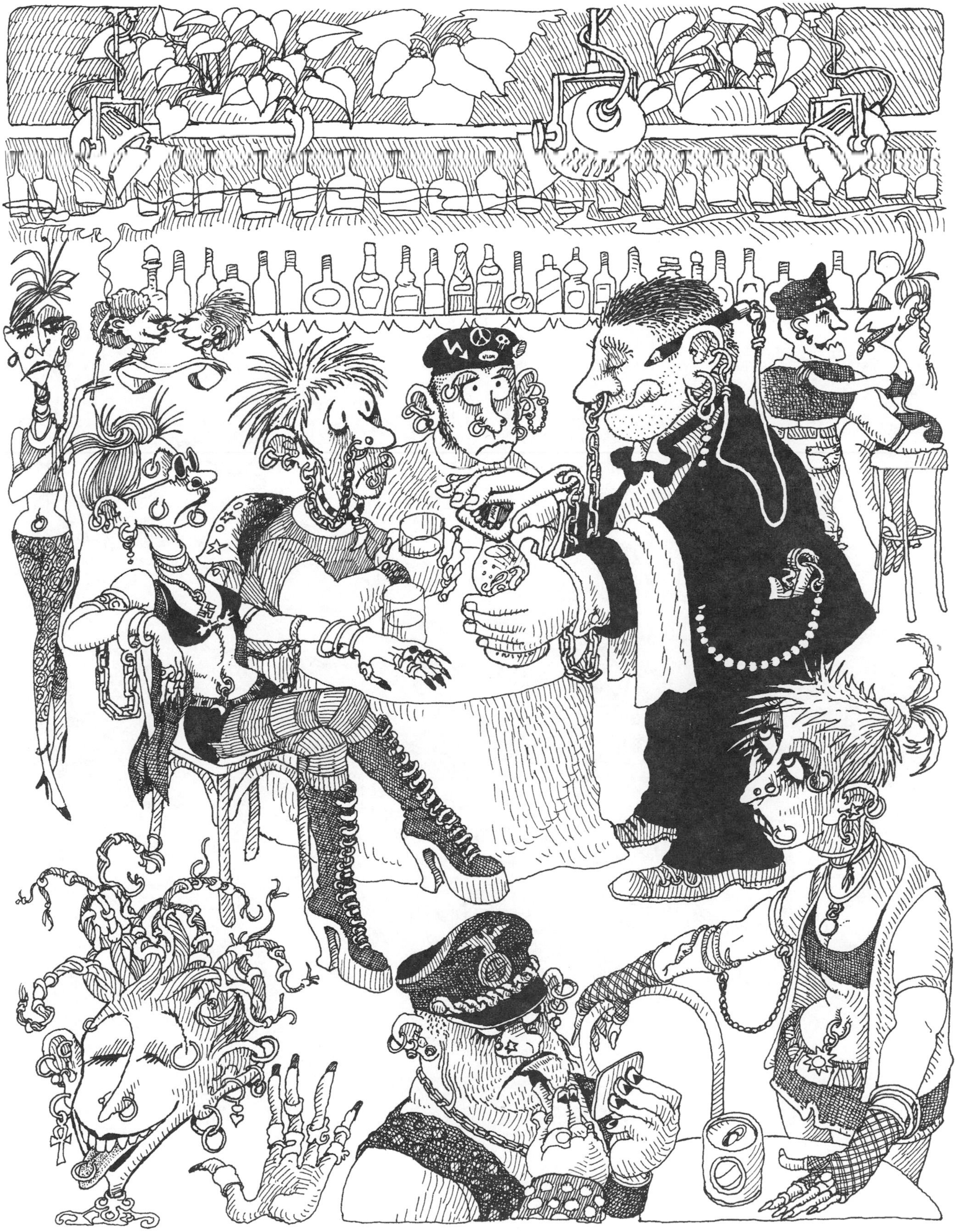

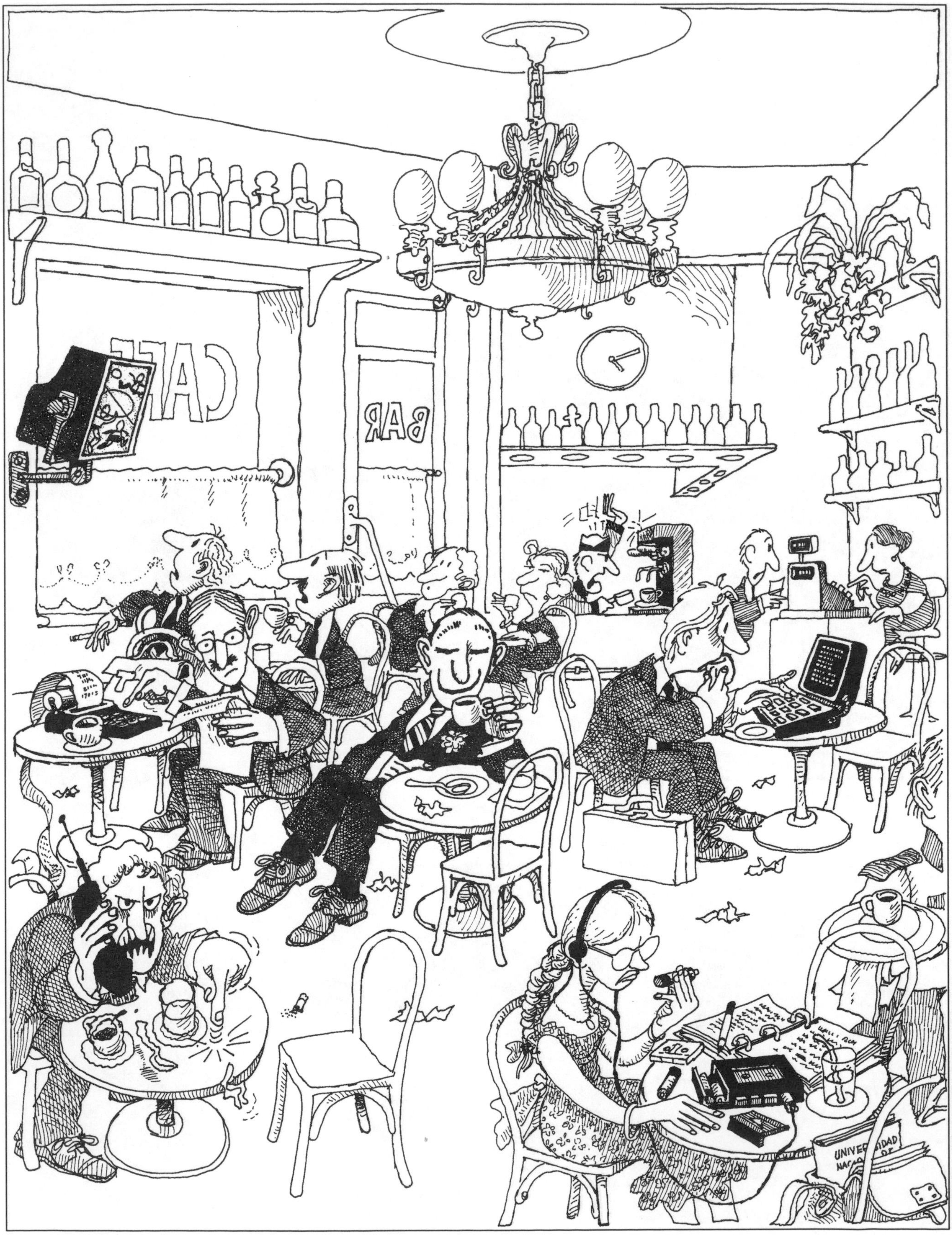

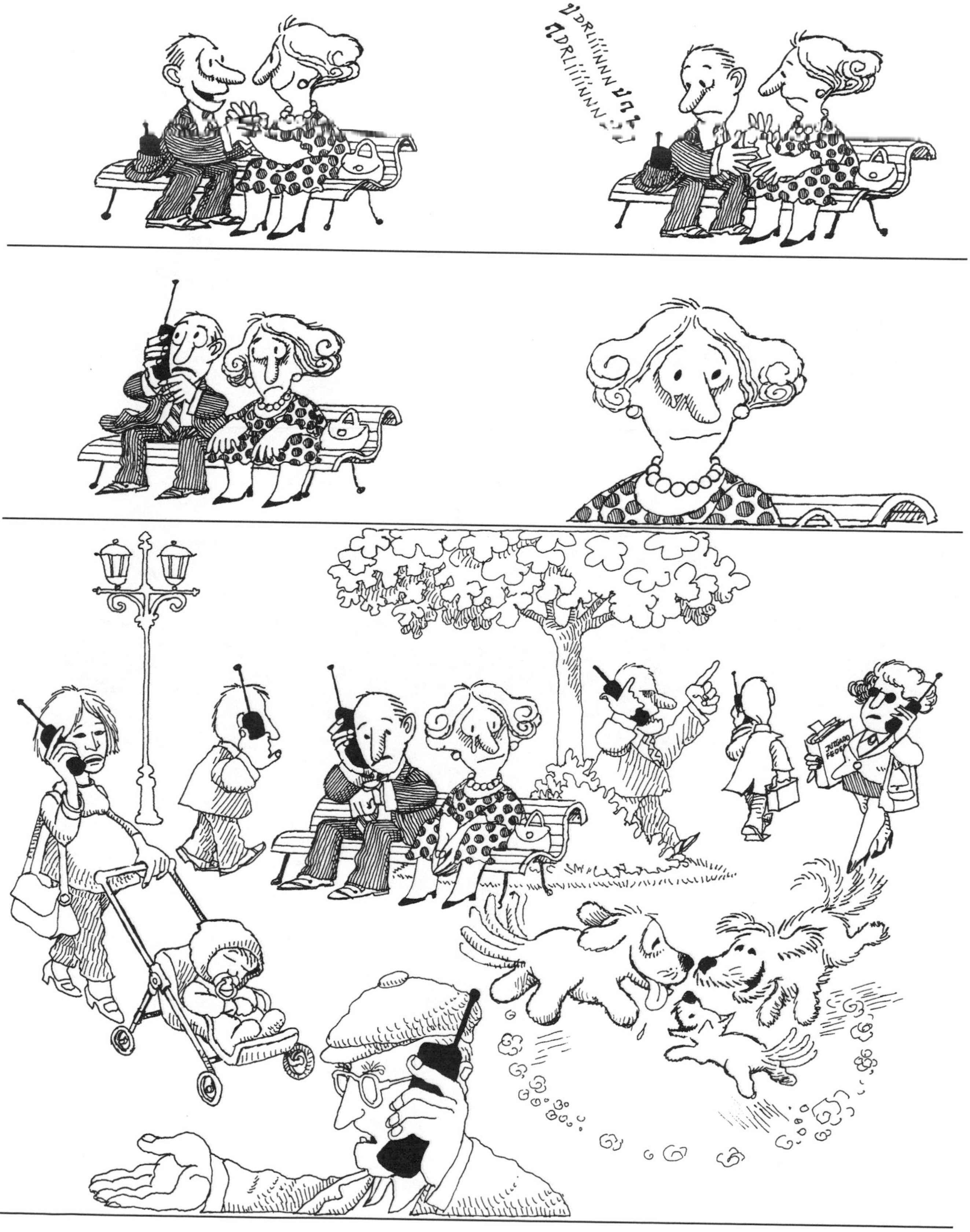
DRLIIIINNN
DRLIIIINNN

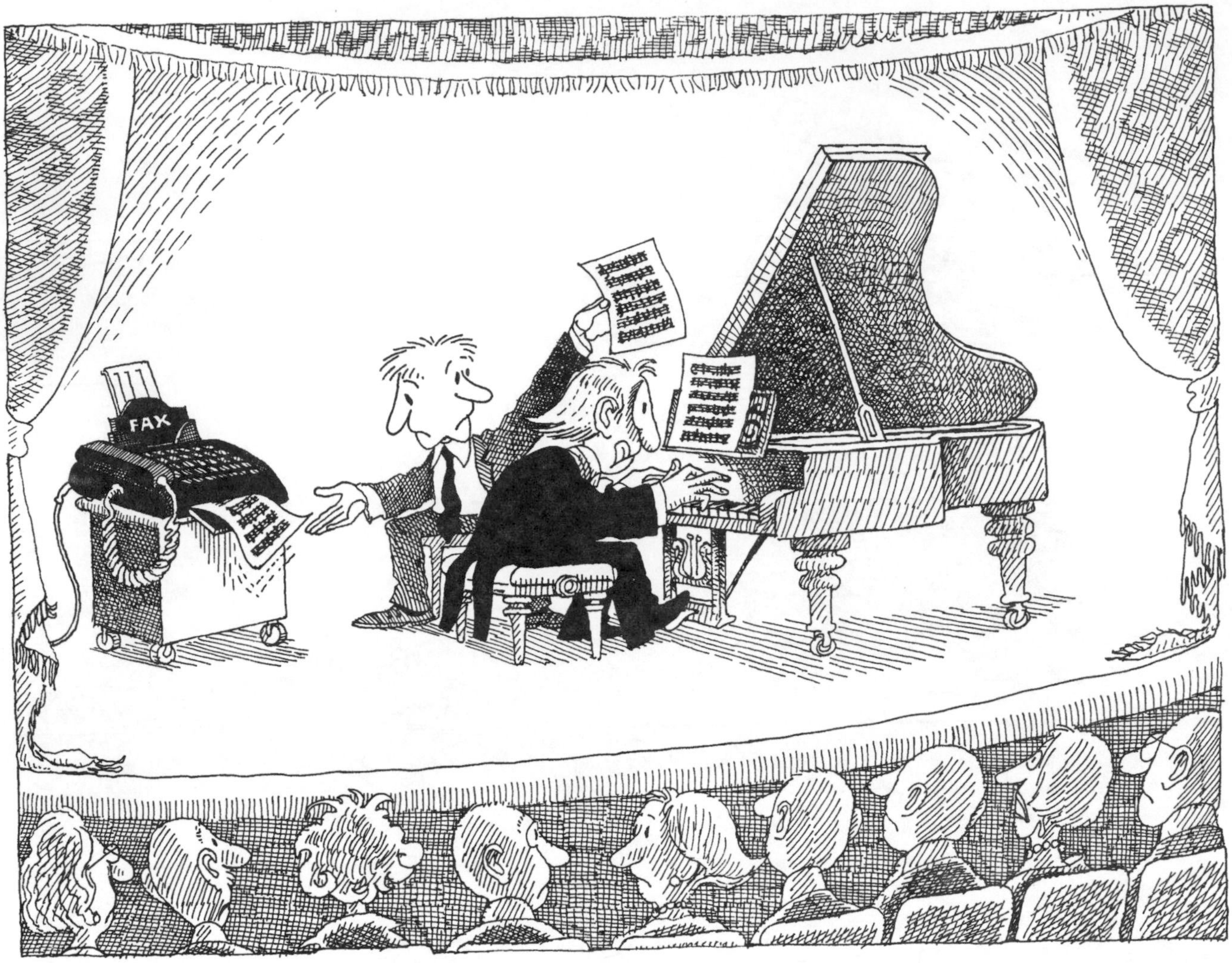
FAX

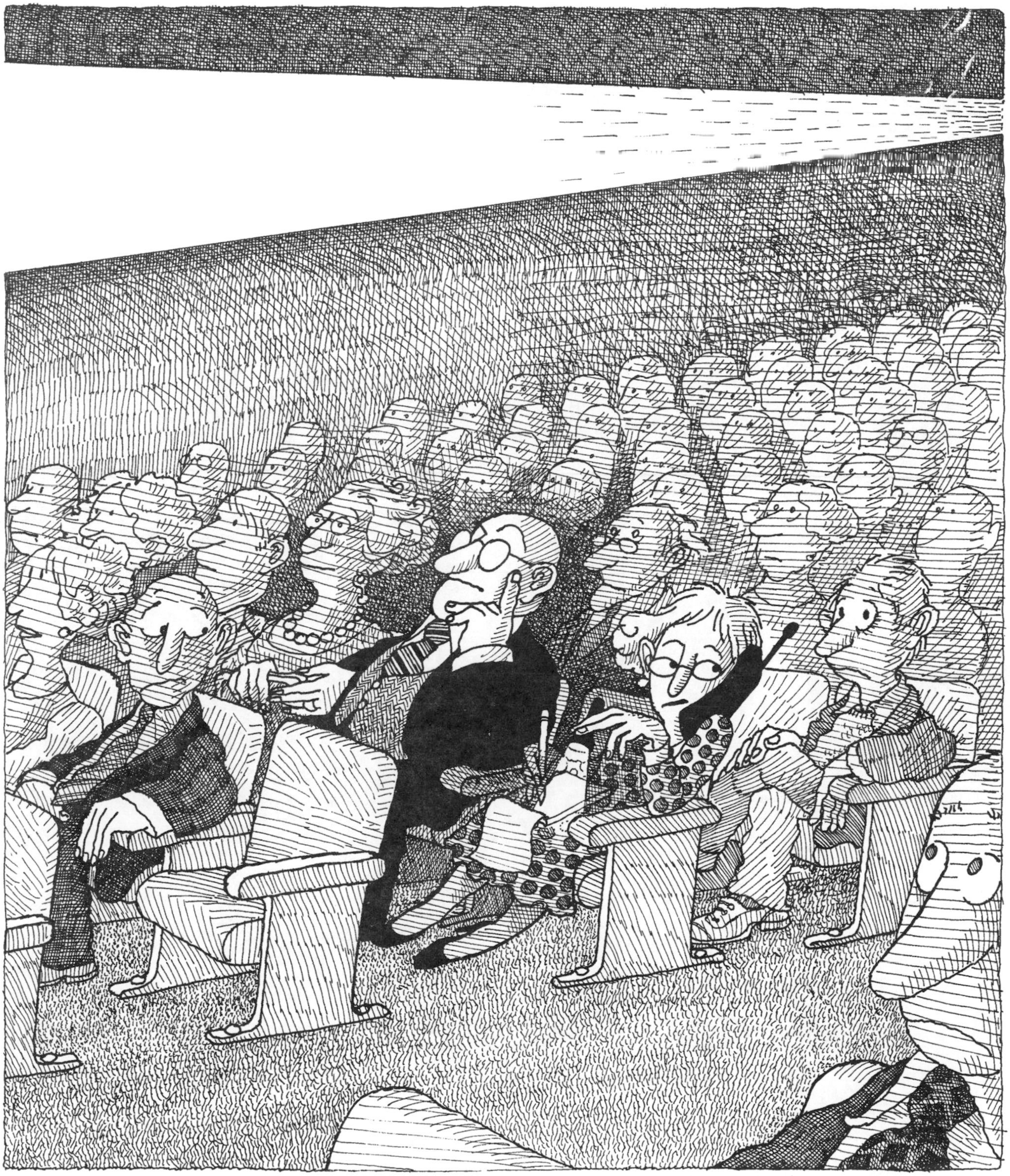

~...NO, CON SU SECRETARIA. IMPOSIBLE, EN ESTE MOMENTO ESTÁ CON GENTE, ¿QUIÉN DEBO DECIRLE QUE LO LLAMÓ?

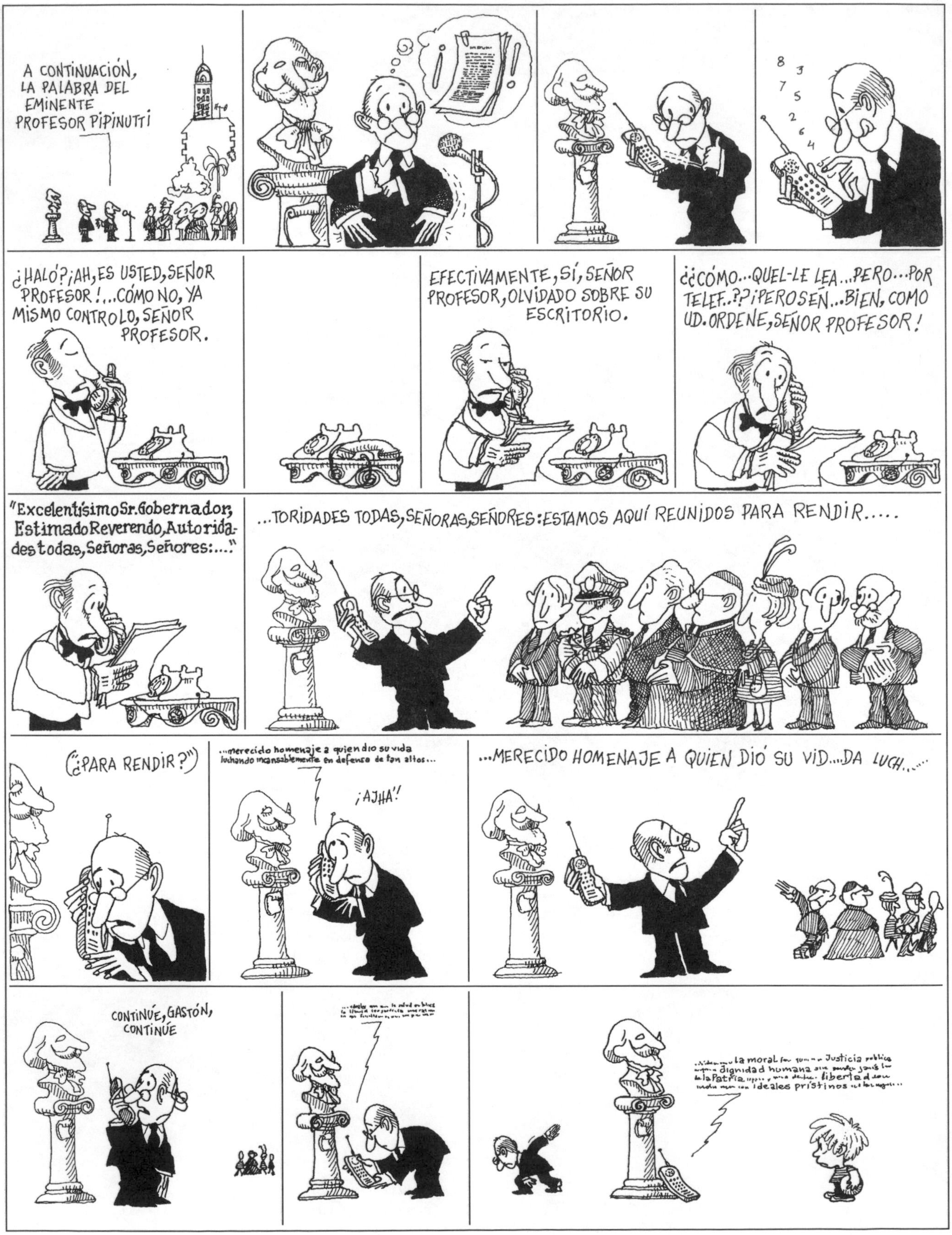

A CONTINUACIÓN, LA PALABRA DEL EMINENTE PROFESOR PIPINUTTI
¿HALÓ?¡AH, ES USTED, SEÑOR PROFESOR!...CÓMO NO, YA MISMO CONTROLO, SEÑOR PROFESOR.
EFECTIVAMENTE, SÍ, SEÑOR PROFESOR, OLVIDADO SOBRE SU ESCRITORIO.
¿¿CÓMO...QUEL-LE LEA...PERO...POR TELEF..??¡PERO SÉN...BIEN, COMO UD. ORDENE, SEÑOR PROFESOR!
"Excelentísimo Sr. Gobernador, Estimado Reverendo, Autoridades todas, Señoras, Señores:...."
...TORIDADES TODAS, SEÑORAS, SEÑORES: ESTAMOS AQUÍ REUNIDOS PARA RENDIR.....
(¿¿PARA RENDIR?")
...merecido homenaje a quien dio su vida luchando incansablemente en defensa de tan altos...
¡AJHA!
...MERECIDO HOMENAJE A QUIEN DIÓ SU VID....DA LUCH.......
CONTINÚE, GASTÓN, CONTINÚE
la moral
Justicia
dignidad humana
la Patria
libertad
ideales prístinos

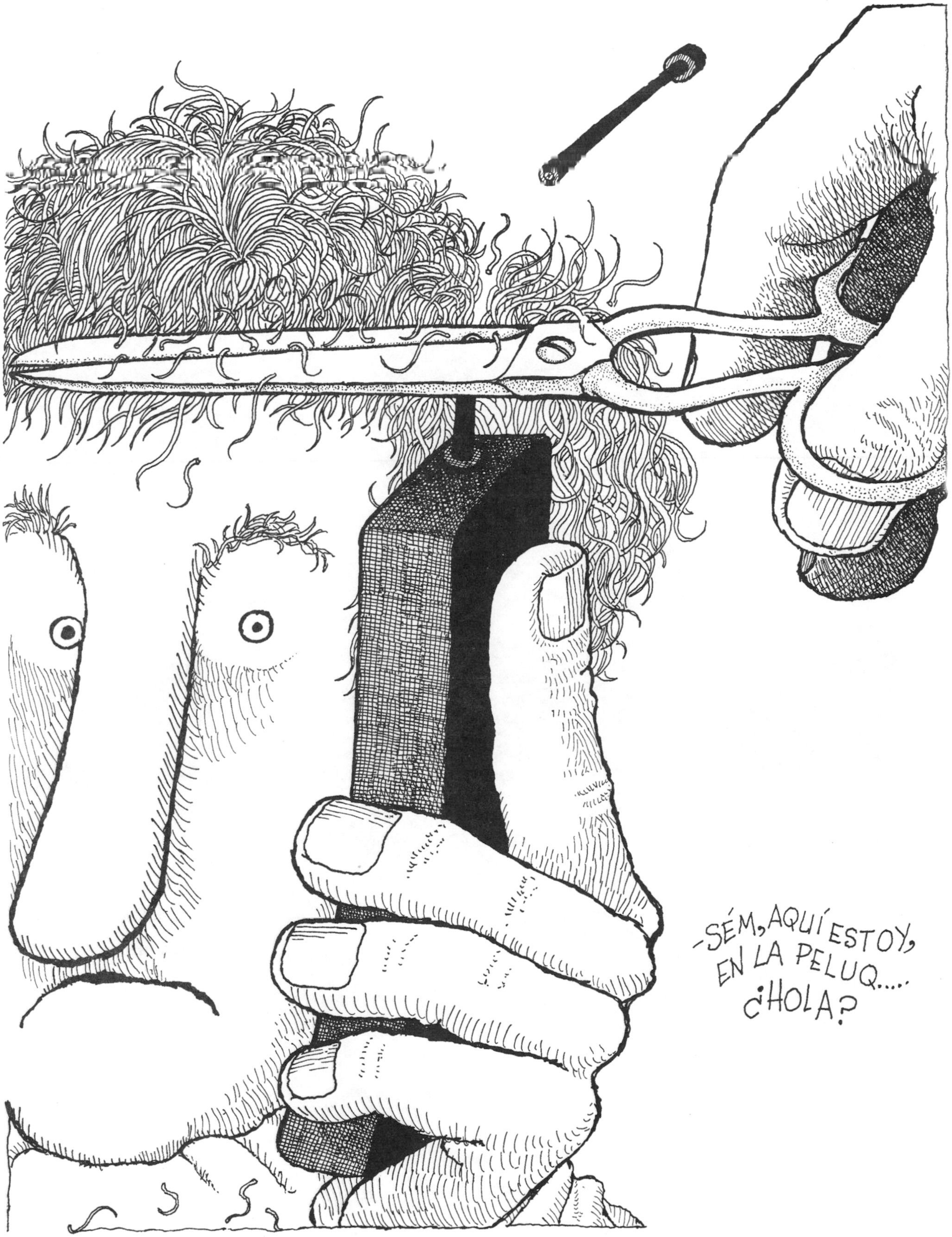
-SÉM, AQUÍ ESTOY,
EN LA PELUQ.....
¿HOLA?

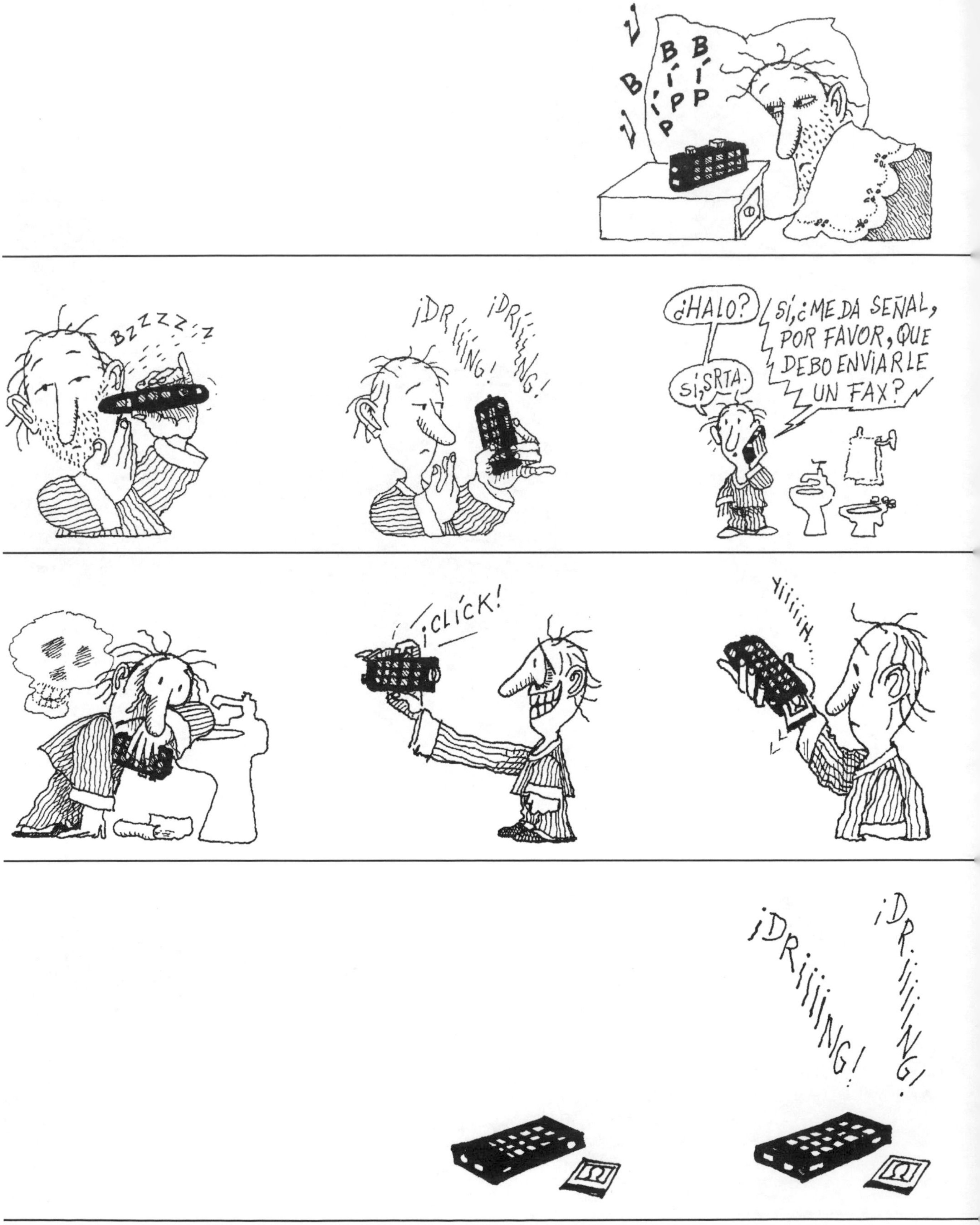
BÍP BÍP BÍP
BZZZZZ
¡DRIIIING! ¡DRIIIING!
¿HALO?
SÍ, SRTA.
SÍ, ¿ME DA SEÑAL, POR FAVOR, QUE DEBO ENVIARLE UN FAX?
¡CLICK!
¡DRIIIIING! ¡DRIIIIING!

"AQUÍ "FM RADIO". CIELO DESPEJADO HOY, CON UNA MÁXIMA PRONOSTICADA DE..."

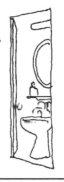

¡FAX!

YUHÚÚ... YUHÚÚ...

"CAYÓ LA BOLSA DE TOKIO. NO PUDE EVITAR RUINA TOTAL. LO SIENTO.
Smith"

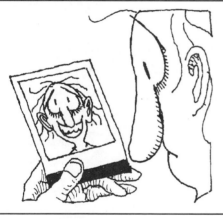

¡TUMP!

¡CLACK!

"ÉSTE ES UN CONTESTADOR AUTOMÁ-
TICO. SI DESEA DEJAR SU MENSAJE
DESPUÉS DE LA SEÑAL LE SUGE-
RIMOS NO HACERLO; SERÍA COM-
PLETAMENTE INÚTIL.
GRACIAS."

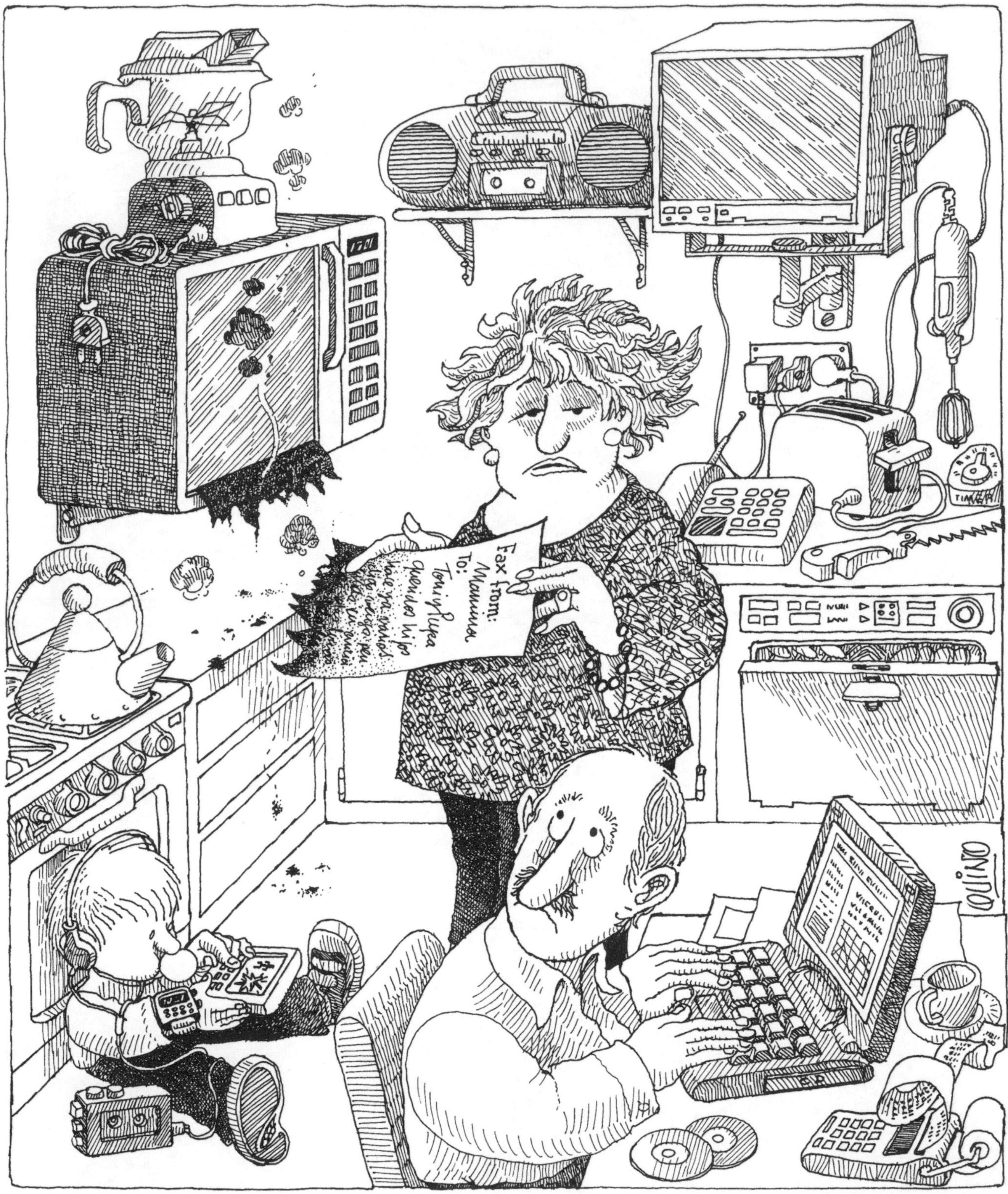
Fax from:
To:
Queridos hijos
TIMER

–NO SÉ POR QUÉ TU POBRE MADRE, A SU EDAD, INSISTE EN QUERER DEMOSTRAR QUE TAMBIÉN ELLA ES MODERNA; OTRA VEZ NOS HA ENVIADO UN FAX POR EL HORNO A MICROONDAS.

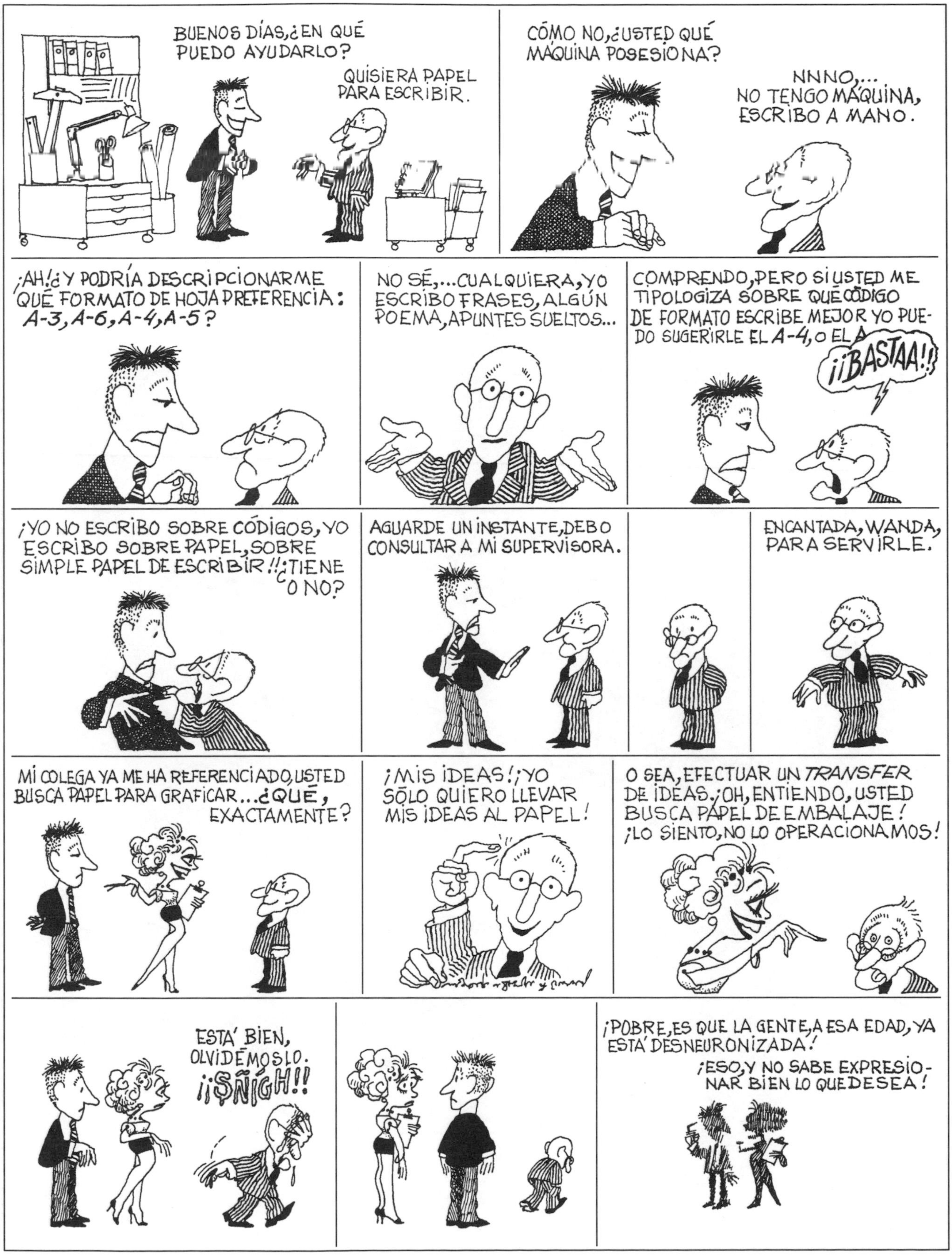
BUENOS DÍAS, ¿EN QUÉ PUEDO AYUDARLO?
QUISIERA PAPEL PARA ESCRIBIR.
CÓMO NO, ¿USTED QUÉ MÁQUINA POSESIONA?
NNNO,... NO TENGO MÁQUINA, ESCRIBO A MANO.
¡AH! ¿Y PODRÍA DESCRIPCIONARME QUÉ FORMATO DE HOJA PREFERENCIA: A-3, A-6, A-4, A-5?
NO SÉ,...CUALQUIERA, YO ESCRIBO FRASES, ALGÚN POEMA, APUNTES SUELTOS...
COMPRENDO, PERO SI USTED ME TIPOLOGIZA SOBRE QUÉ CÓDIGO DE FORMATO ESCRIBE MEJOR YO PUEDO SUGERIRLE EL A-4, O EL A
¡¡BASTAA!!
¡YO NO ESCRIBO SOBRE CÓDIGOS, YO ESCRIBO SOBRE PAPEL, SOBRE SIMPLE PAPEL DE ESCRIBIR!! ¿TIENE O NO?
AGUARDE UN INSTANTE, DEBO CONSULTAR A MI SUPERVISORA.
ENCANTADA, WANDA, PARA SERVIRLE.
MI COLEGA YA ME HA REFERENCIADO, USTED BUSCA PAPEL PARA GRAFICAR...¿QUÉ, EXACTAMENTE?
¡MIS IDEAS! ¡YO SÓLO QUIERO LLEVAR MIS IDEAS AL PAPEL!
O SEA, EFECTUAR UN TRANSFER DE IDEAS. ¡OH, ENTIENDO, USTED BUSCA PAPEL DE EMBALAJE! ¡LO SIENTO, NO LO OPERACIONAMOS!
ESTÁ BIEN, OLVIDÉMOSLO. ¡¡SÑIGH!!
¡POBRE, ES QUE LA GENTE, A ESA EDAD, YA ESTÁ DESNEURONIZADA!
¡ESO, Y NO SABE EXPRESIONAR BIEN LO QUE DESEA!

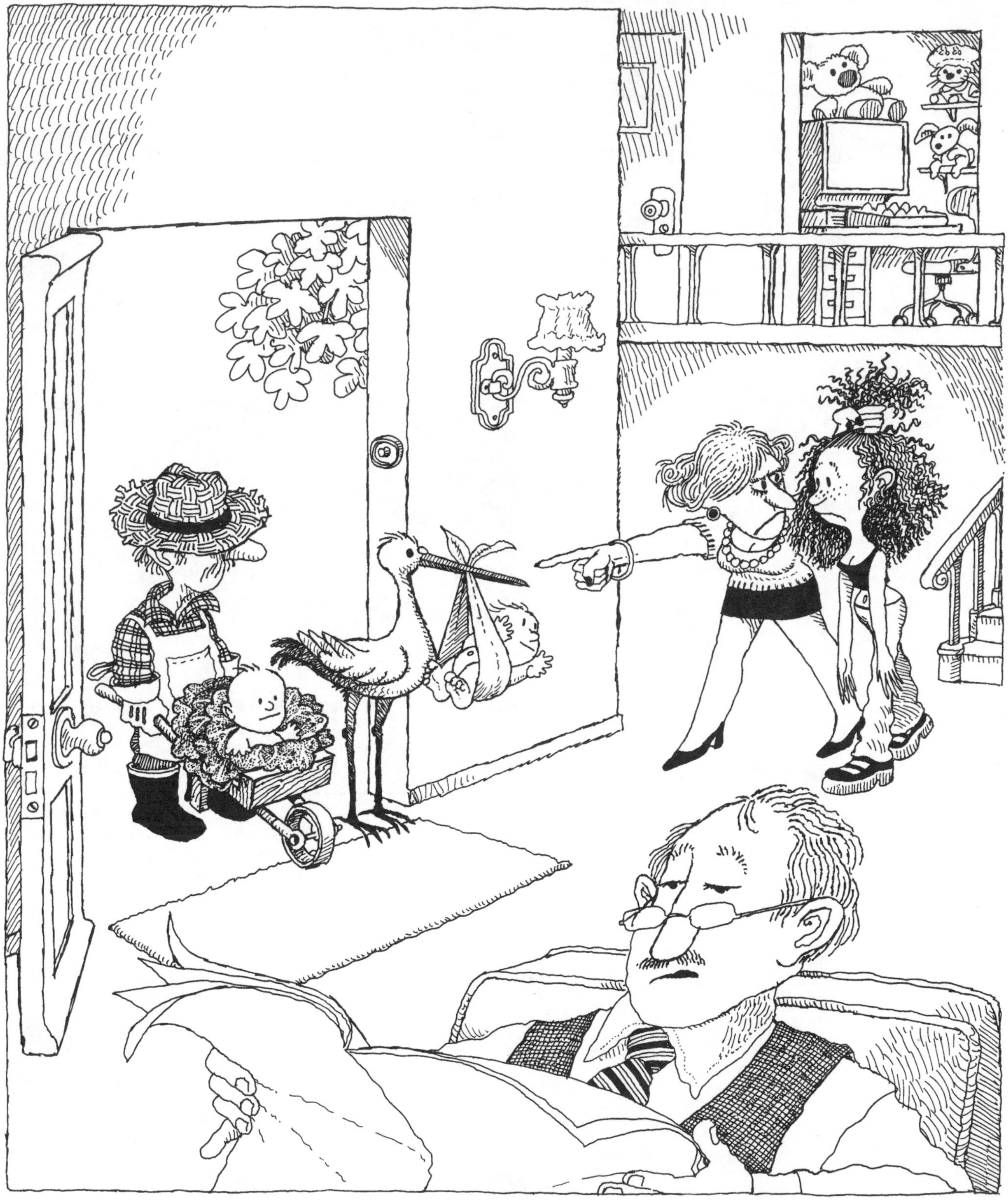

—¡DEJALA, MUJER!.. EL REPOLLO, LA CIGÜEÑA,... ¿NO TE DAS CUENTA QUE SON COSAS DE NIÑOS; O ES QUE NO SABES QUE HOY PUEDEN CONSEGUIR CUALQUIER TONTERÍA QUE SE LES OCURRA CON ESO DEL INTERNET?

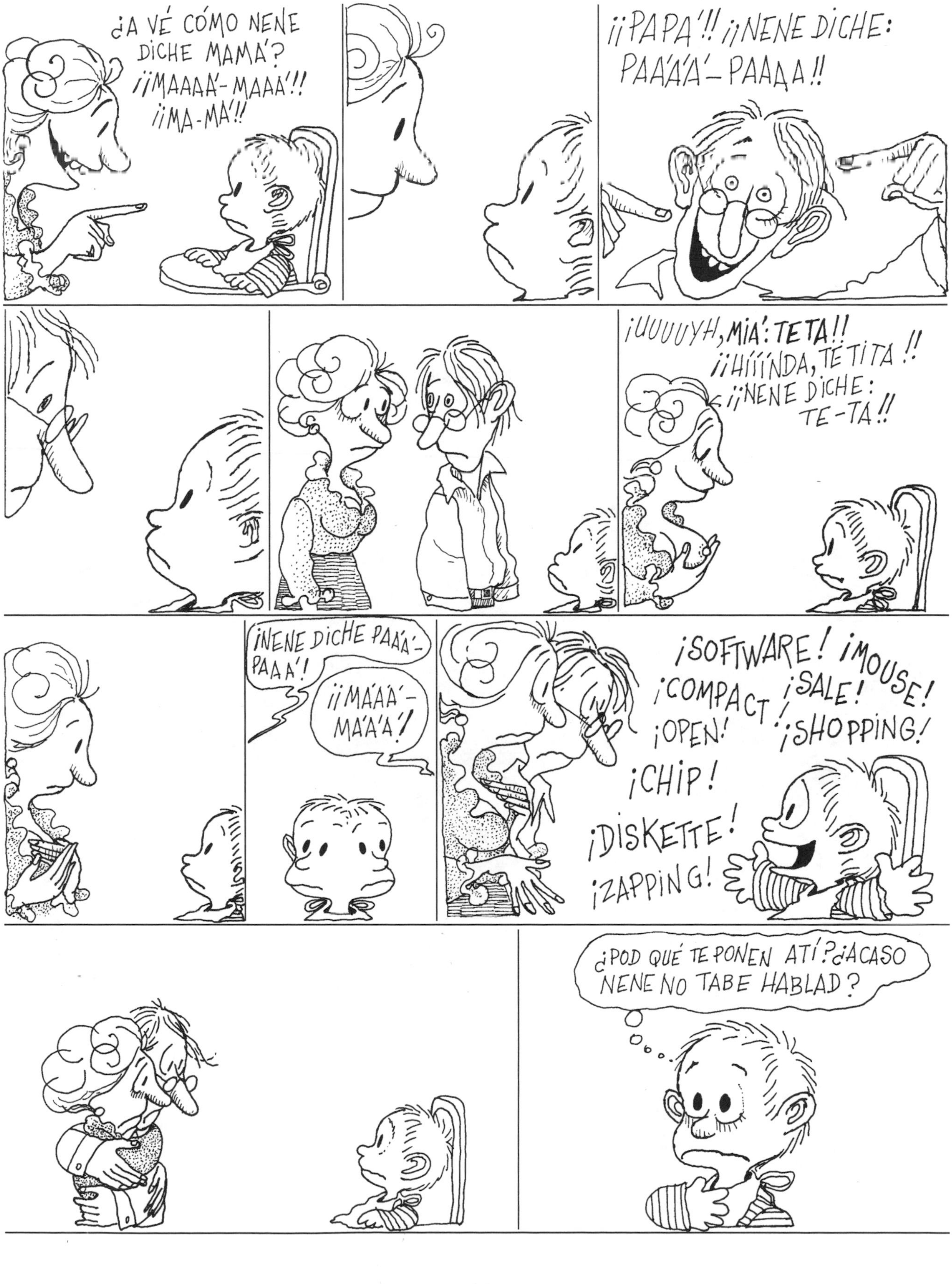
¿A VÉ CÓMO NENE DICHE MAMÁ? ¡¡MAAAÁ-MAAÁ!! ¡¡MA-MÁ!!
¡¡PAPÁ!! ¡¡NENE DICHE: PAAÁÁ-PAAAA!!
¡UUUUYH, MIÁ: TETA!! ¡¡HIÍÍNDA, TETITA!! ¡¡NENE DICHE: TE-TÁ!!
¡NENE DICHE PAAÁ-PAAA!
¡¡MÁÁÁ-MÁÁÁ!
¡SOFTWARE! ¡MOUSE! ¡COMPACT! ¡SALE! ¡OPEN! ¡SHOPPING! ¡CHIP! ¡DISKETTE! ¡ZAPPING!
¿POD QUÉ TE PONEN ATÍ? ¿ACASO NENE NO TABE HABLAD?

BIEN, SABEMOS ENTONCES QUE LA FORMA DE LA TIERRA ¿ES.....

..¡ LA QUE DIOS LE DIO !!

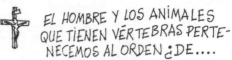 EL HOMBRE Y LOS ANIMALES QUE TIENEN VÉRTEBRAS PERTENECEMOS AL ORDEN ¿DE....

¡¡ LAS CRIATURAS DE DIOS !

¿QUIÉN GUIÓ A LA GENTE QUE EN 1807 RECONQUISTÓ BUENOS AIRES DERROTANDO A LOS INGLESES ?

¡¡ LA MANO DE DIOS !!

 ¿SABES DECIRME CUÁLES SON LOS TRES REINOS DE LA NATURALEZA ?

¡SÍ: EL PADRE, EL HIJO Y EL ESPÍRITU SANTO !

 ¿CUATRO MÁS CUATRO ES IGUAL A....

4+4=

¡A NOSOTROS; TODOS SOMOS IGUALES ANTE DIOS !!

¡¡ CERO EN TODO !!.. ¿Y ESTOS HIPÓCRITAS SE DICEN UN COLEGIO RELIGIOSO?

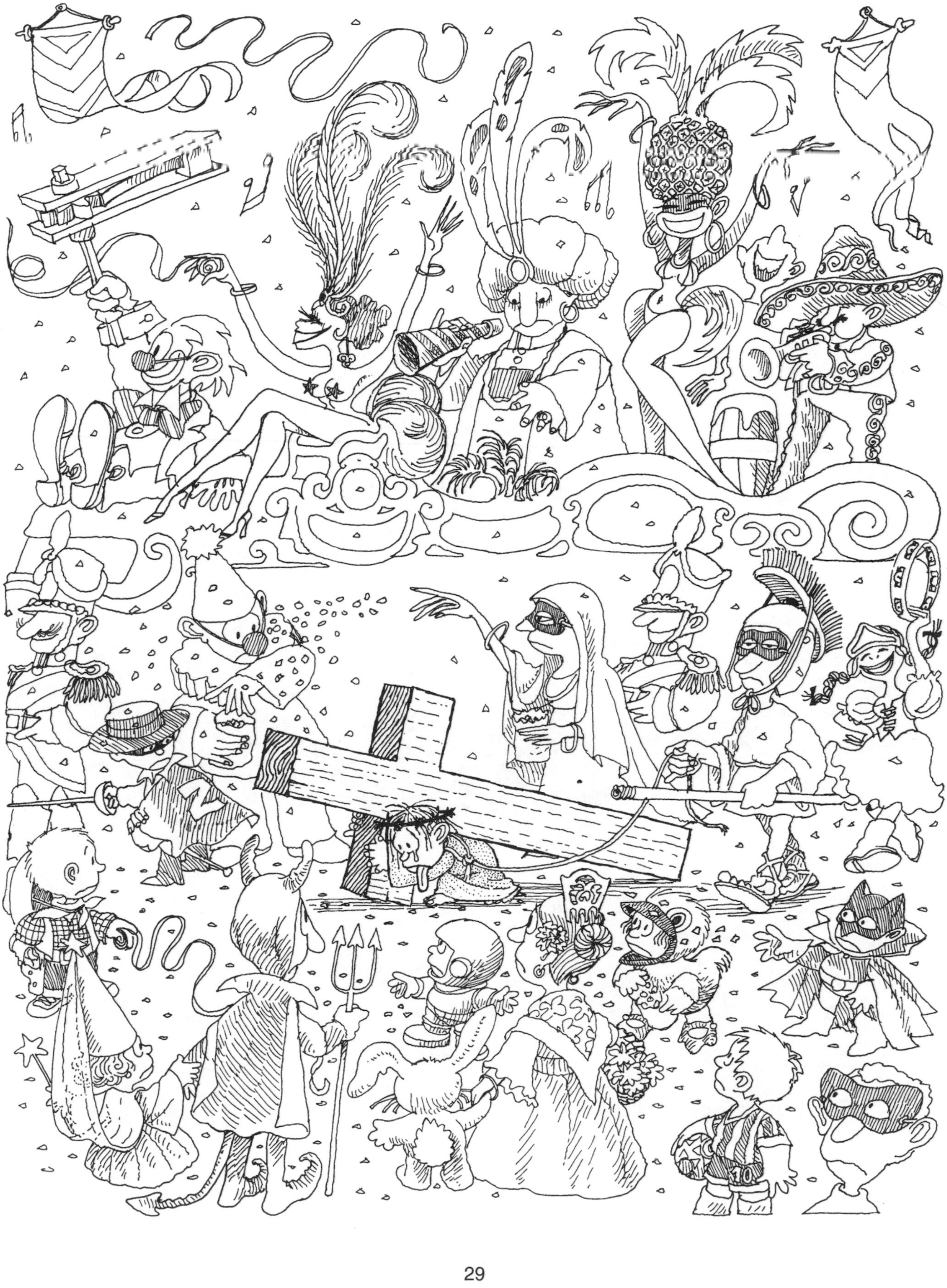

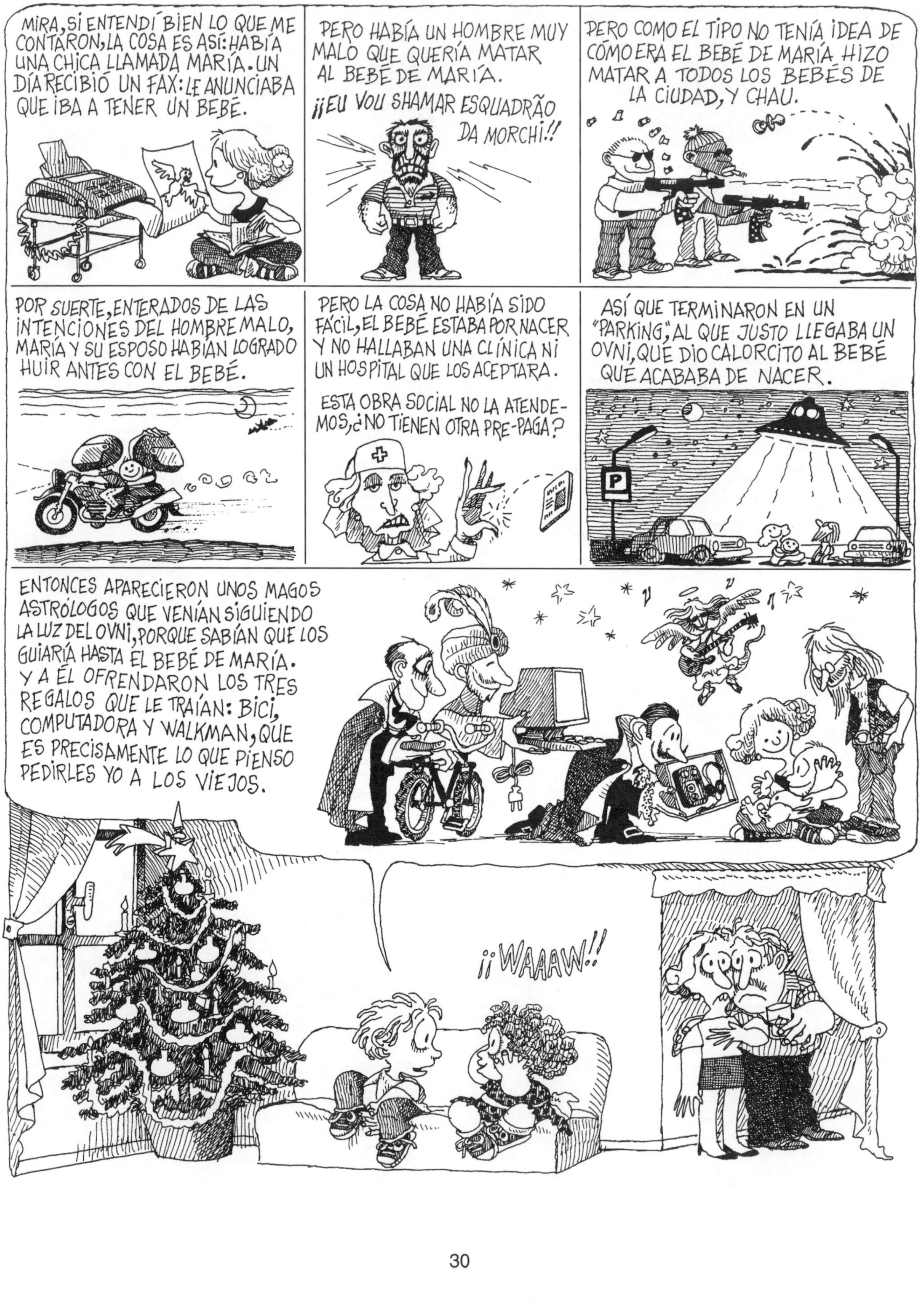
MIRA, SI ENTENDÍ BIEN LO QUE ME CONTARON, LA COSA ES ASÍ: HABÍA UNA CHICA LLAMADA MARÍA. UN DÍA RECIBIÓ UN FAX: LE ANUNCIABA QUE IBA A TENER UN BEBÉ.
PERO HABÍA UN HOMBRE MUY MALO QUE QUERÍA MATAR AL BEBÉ DE MARÍA.
¡¡EU VOU SHAMAR ESQUADRÃO DA MORCHI!!
PERO COMO EL TIPO NO TENÍA IDEA DE CÓMO ERA EL BEBÉ DE MARÍA HIZO MATAR A TODOS LOS BEBÉS DE LA CIUDAD, Y CHAU.
POR SUERTE, ENTERADOS DE LAS INTENCIONES DEL HOMBRE MALO, MARÍA Y SU ESPOSO HABÍAN LOGRADO HUIR ANTES CON EL BEBÉ.
PERO LA COSA NO HABÍA SIDO FÁCIL, EL BEBÉ ESTABA POR NACER Y NO HALLABAN UNA CLÍNICA NI UN HOSPITAL QUE LOS ACEPTARA.
ESTA OBRA SOCIAL NO LA ATENDEMOS, ¿NO TIENEN OTRA PRE-PAGA?
ASÍ QUE TERMINARON EN UN "PARKING", AL QUE JUSTO LLEGABA UN OVNI, QUE DIO CALORCITO AL BEBÉ QUE ACABABA DE NACER.
P
ENTONCES APARECIERON UNOS MAGOS ASTRÓLOGOS QUE VENÍAN SIGUIENDO LA LUZ DEL OVNI, PORQUE SABÍAN QUE LOS GUIARÍA HASTA EL BEBÉ DE MARÍA. Y A ÉL OFRENDARON LOS TRES REGALOS QUE LE TRAÍAN: BICI, COMPUTADORA Y WALKMAN, QUE ES PRECISAMENTE LO QUE PIENSO PEDIRLES YO A LOS VIEJOS.
¡¡WAAAW!!

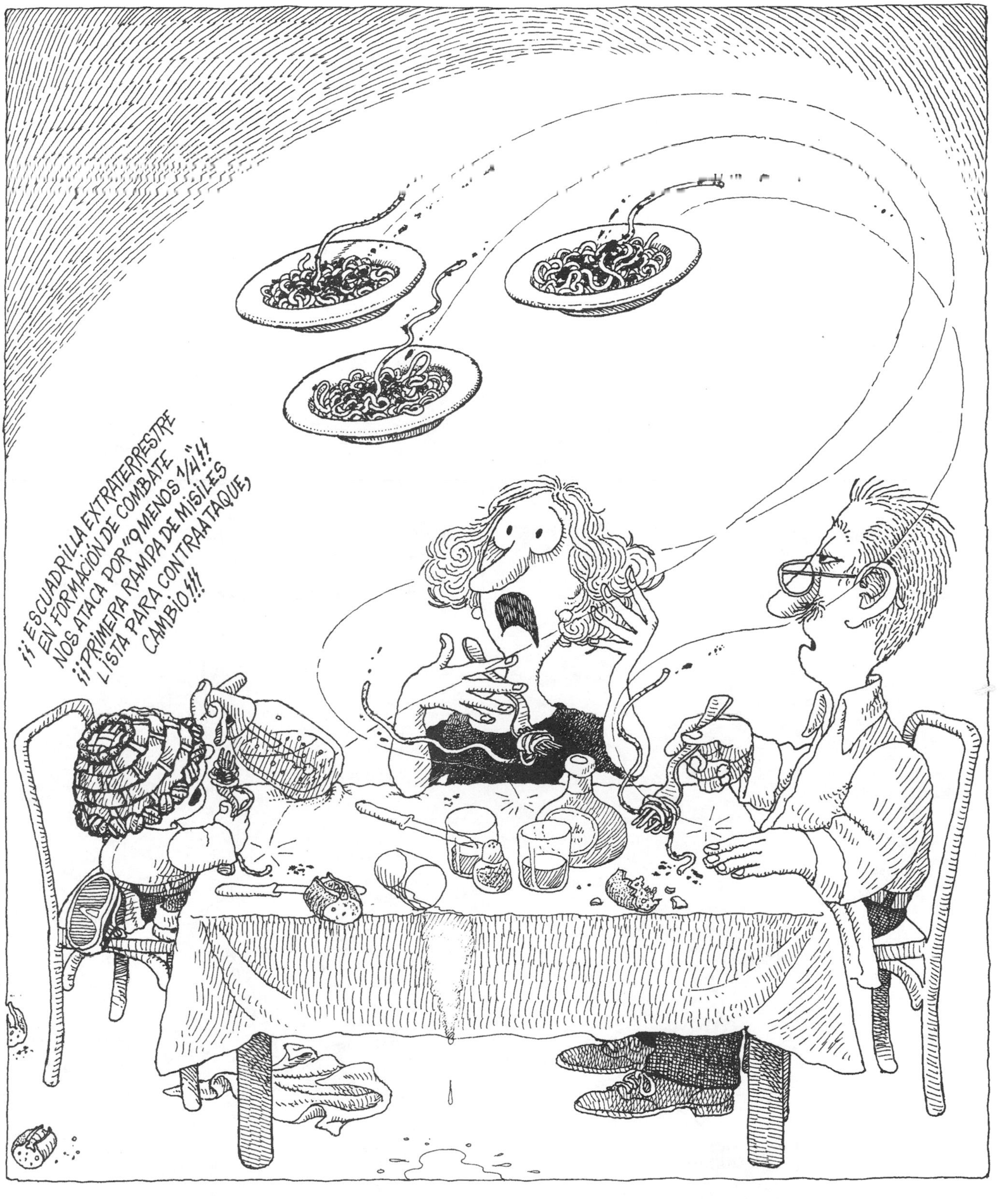
¡¡ESCUADRILLA EXTRATERRESTRE
EN FORMACIÓN DE COMBATE
NOS ATACA POR "9 MENOS 1/4"!!
¡¡PRIMERA RAMPA DE MISILES
LISTA PARA CONTRAATAQUE,
CAMBIO!!!

~DEJALO, ES LA EDAD.

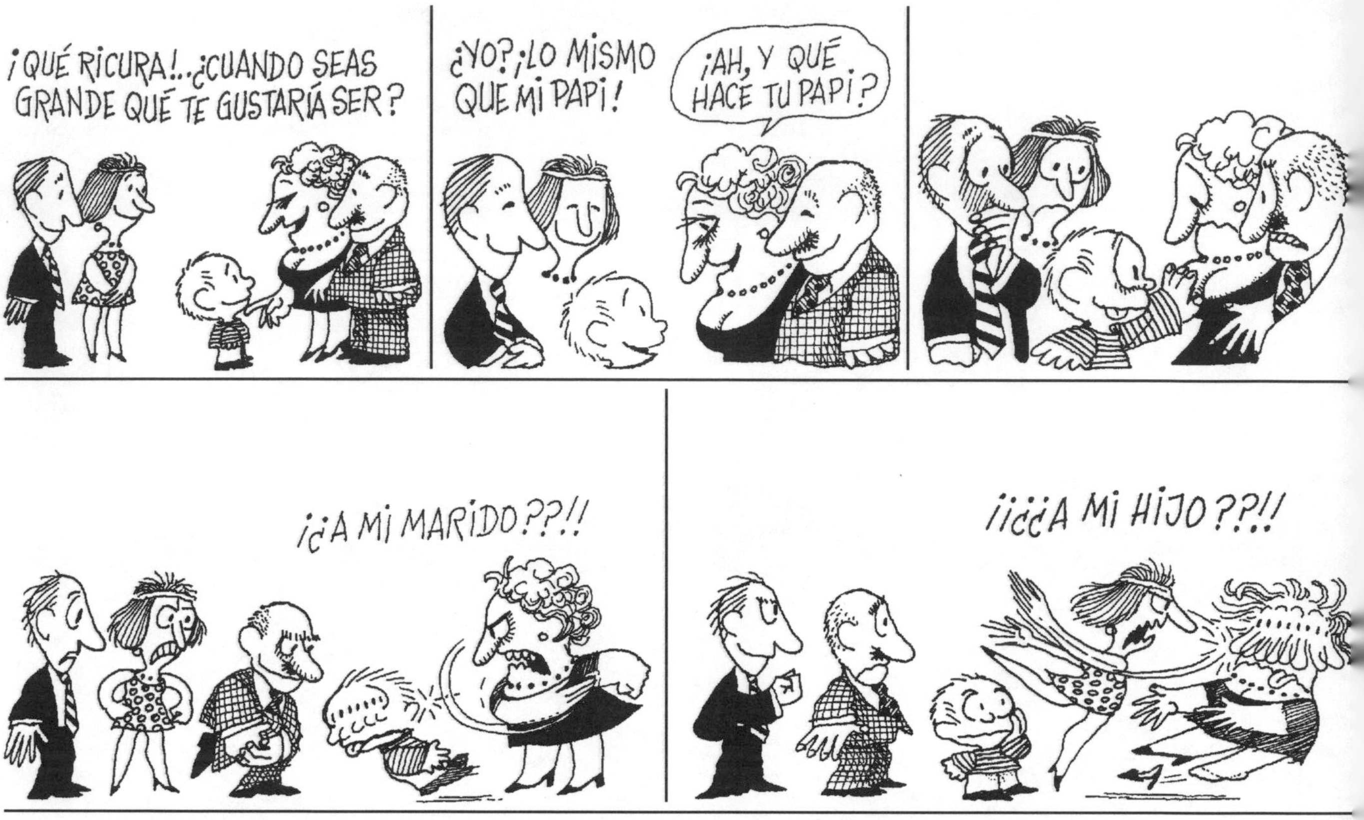
¡QUÉ RICURA!..¿CUANDO SEAS GRANDE QUÉ TE GUSTARÍA SER?
¿YO? ¡LO MISMO QUE MI PAPI!
¡AH, Y QUÉ HACE TU PAPI?
¡¿A MI MARIDO??!!
¡¡¿¿A MI HIJO??!!

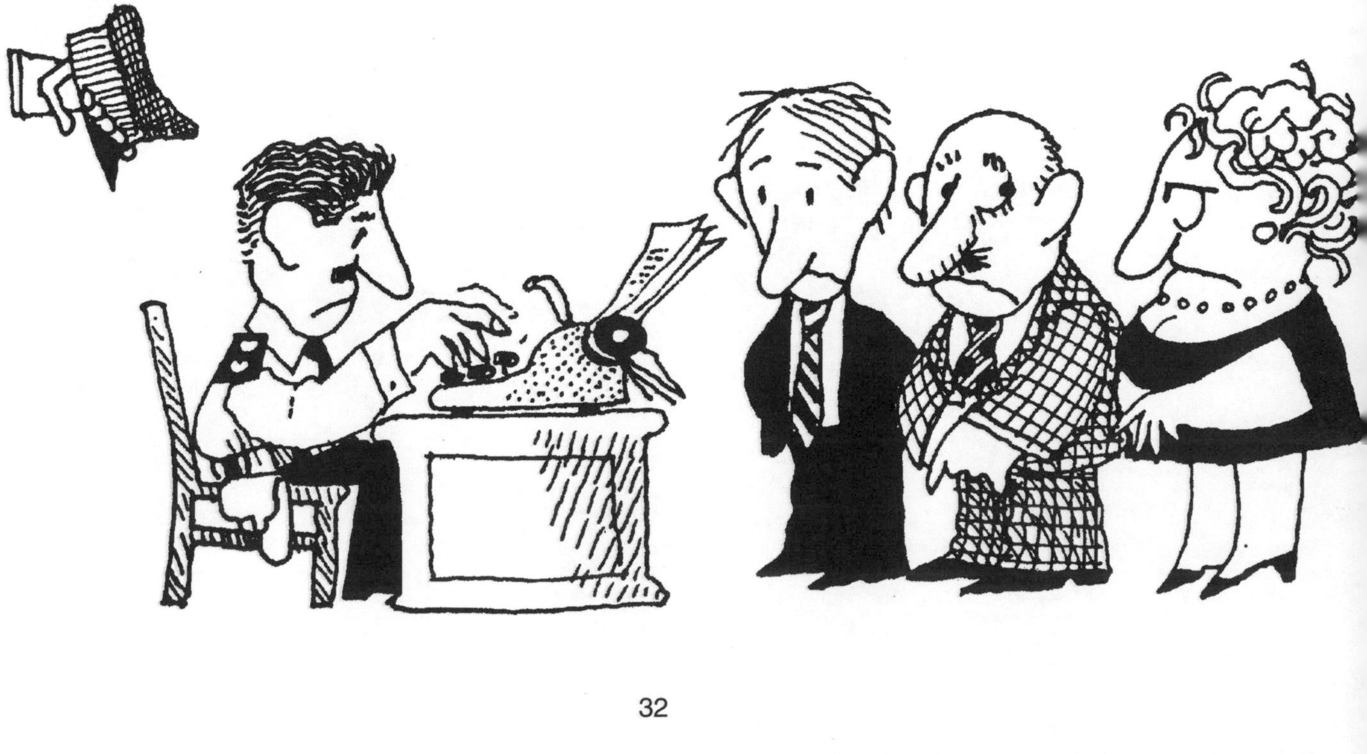

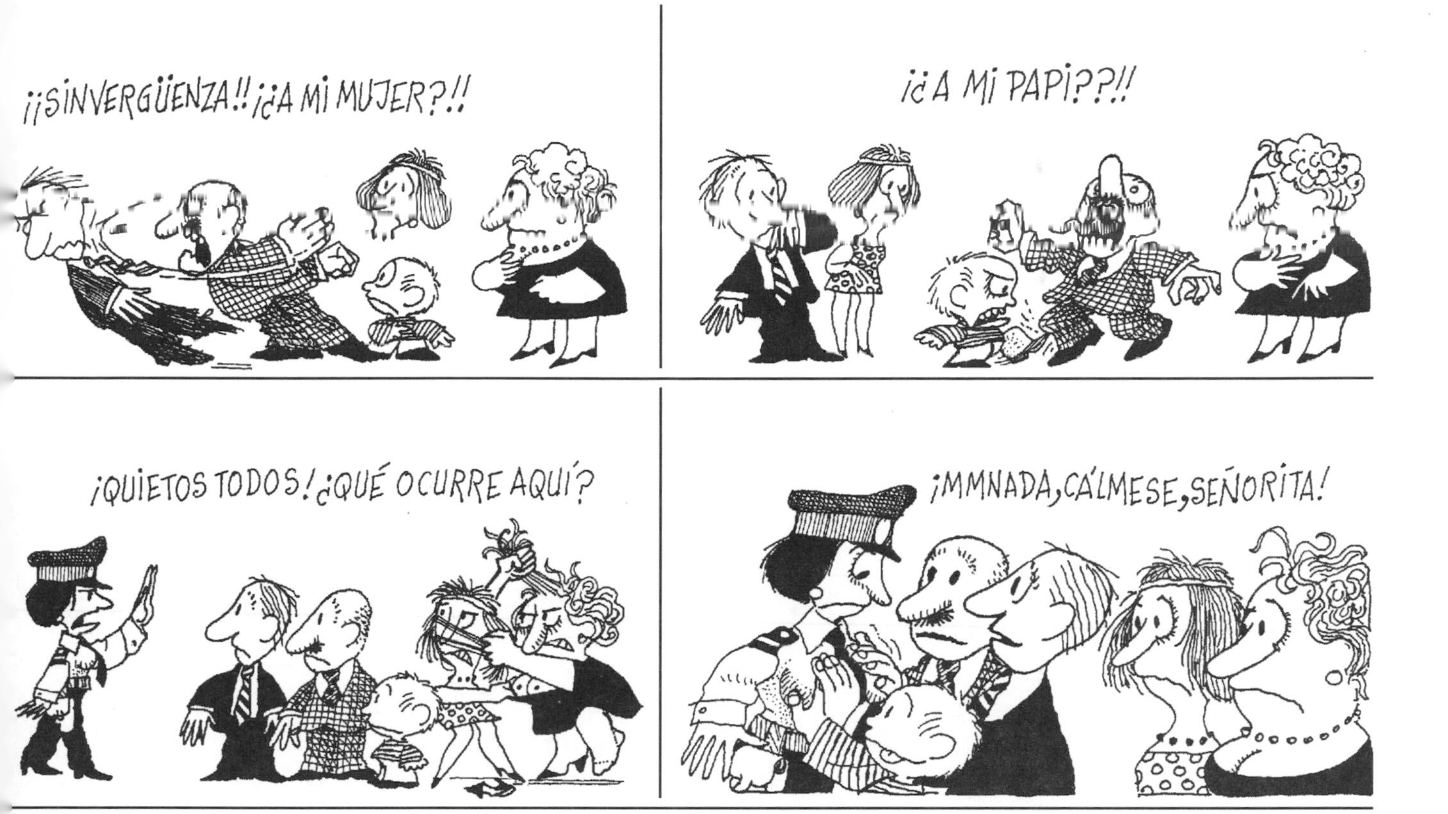
¡¡SINVERGÜENZA!! ¡¿A MI MUJER?!!
¡¿A MI PAPI??!!
¡QUIETOS TODOS! ¿QUÉ OCURRE AQUÍ?
¡MMNADA, CÁLMESE, SEÑORITA!

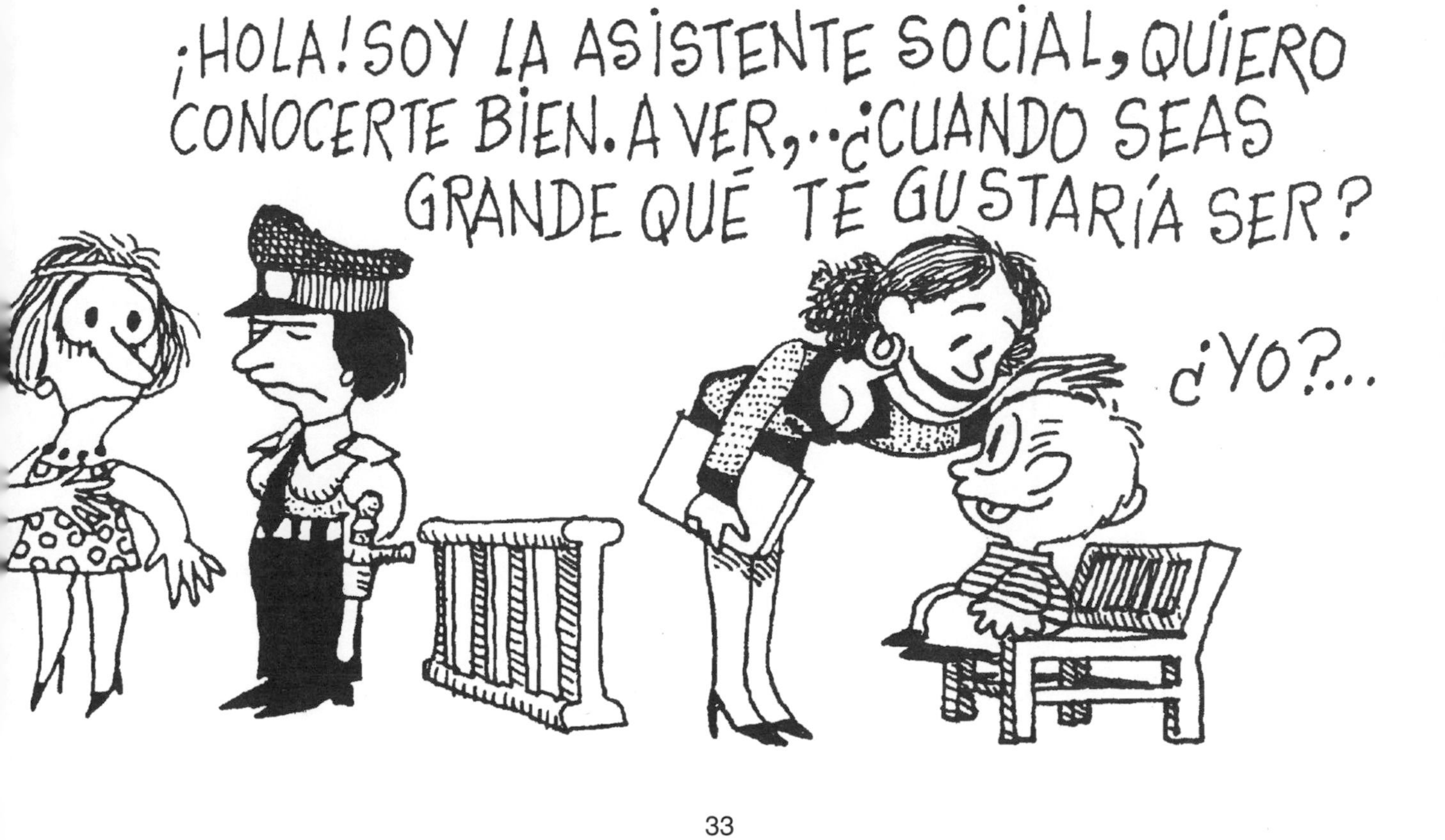
¡HOLA! SOY LA ASISTENTE SOCIAL, QUIERO CONOCERTE BIEN. A VER,.. ¿CUANDO SEAS GRANDE QUÉ TE GUSTARÍA SER?
¿YO?...

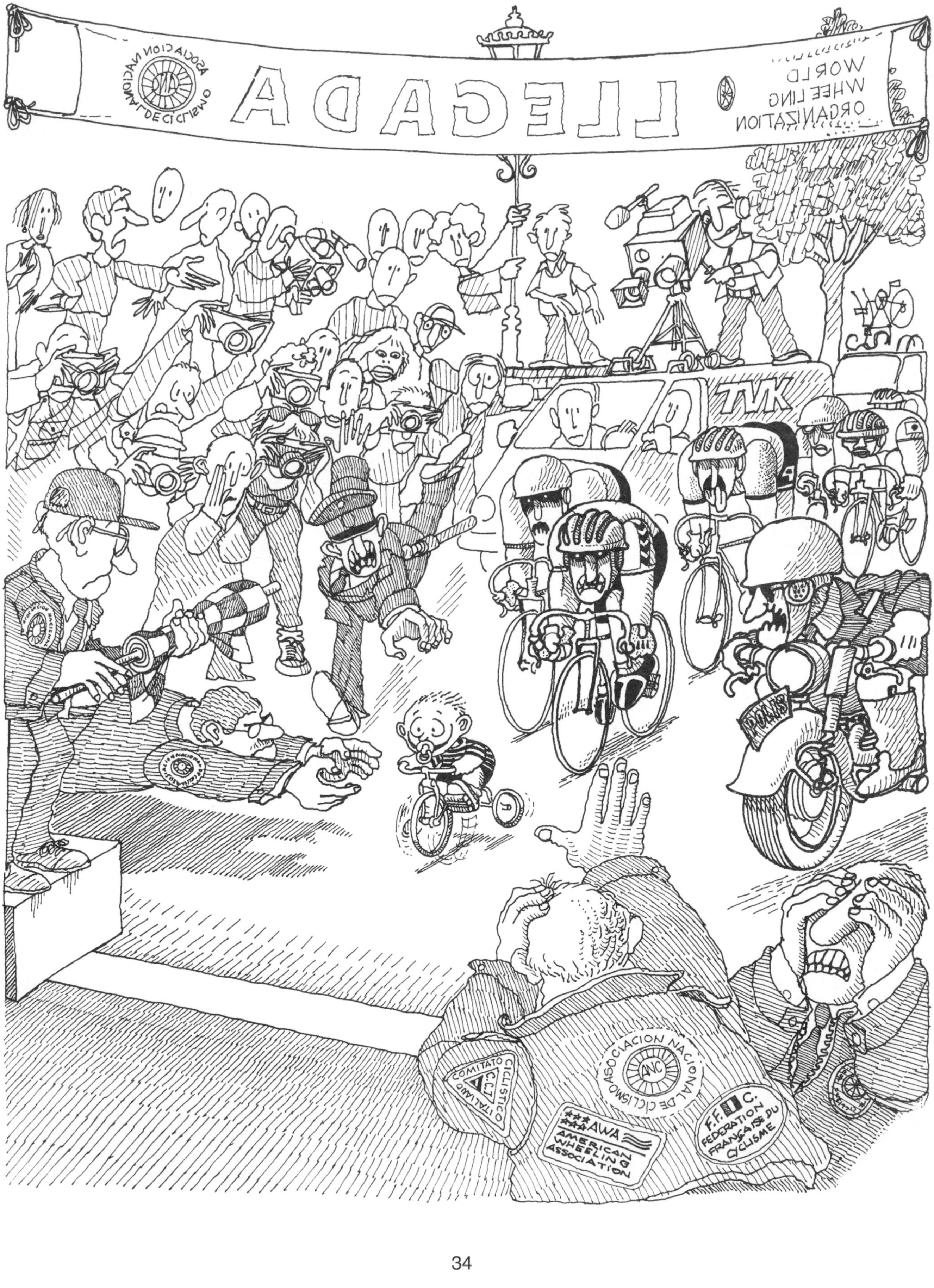
TVK
COMITATO CICLISTICO ITALIANO
C.C.I
ASOCIACION NACIONAL DE CICLISMO
ANC
AWA
AMERICAN WHEELING ASSOCIATION
F.F.C.
FEDERATION FRANÇAISE DU CYCLISME

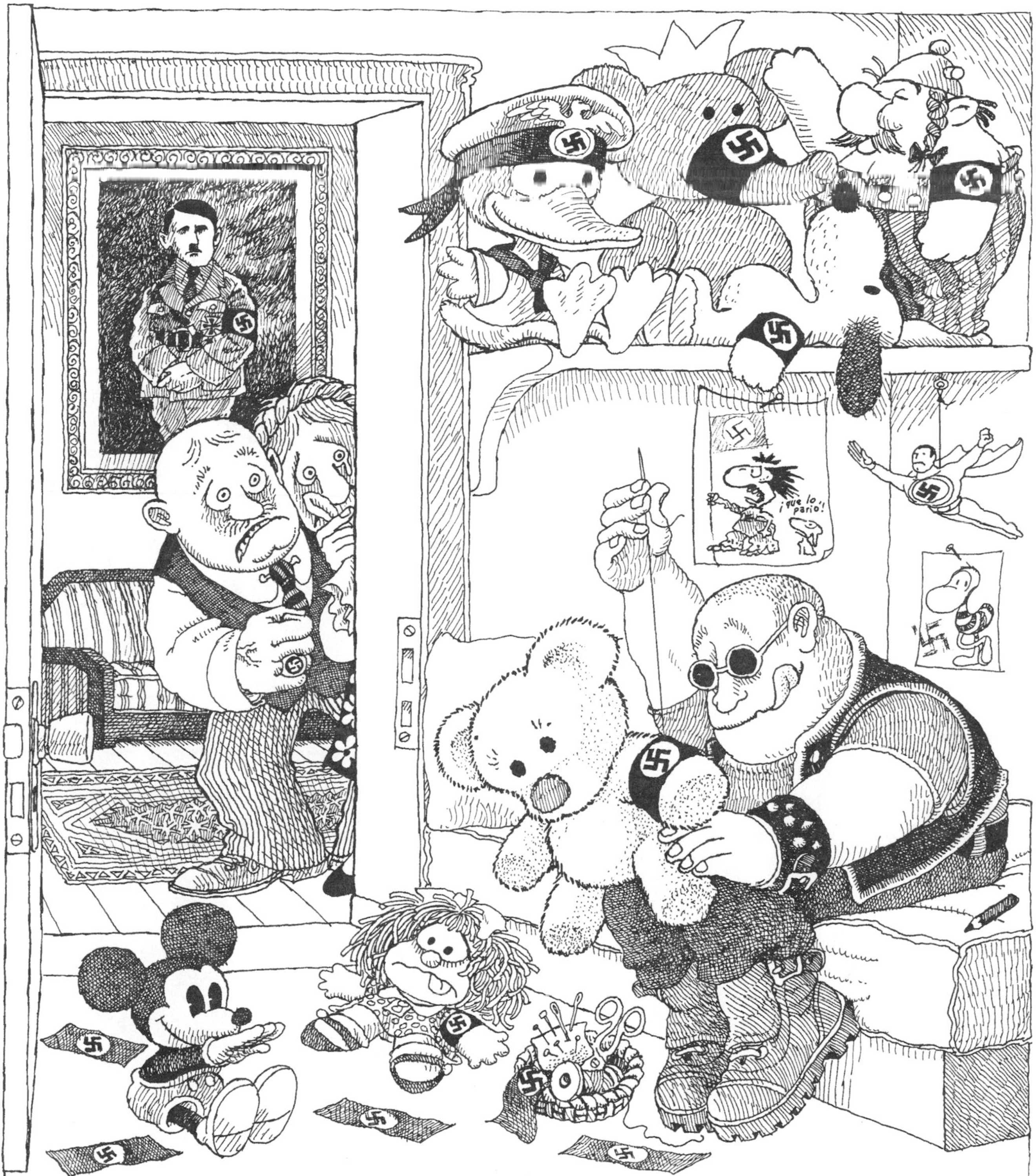
¡que lo pario!

~ LO EDUCAMOS EN LA INFLEXIBLE DISCIPLINA DE LA MEJOR DOCTRINA IDEOLÓGICA PARA QUE TUVIERA UN FÉRREO CARÁCTER SUPERIOR, ¿EN QUÉ NOS HEMOS EQUIVOCADO?

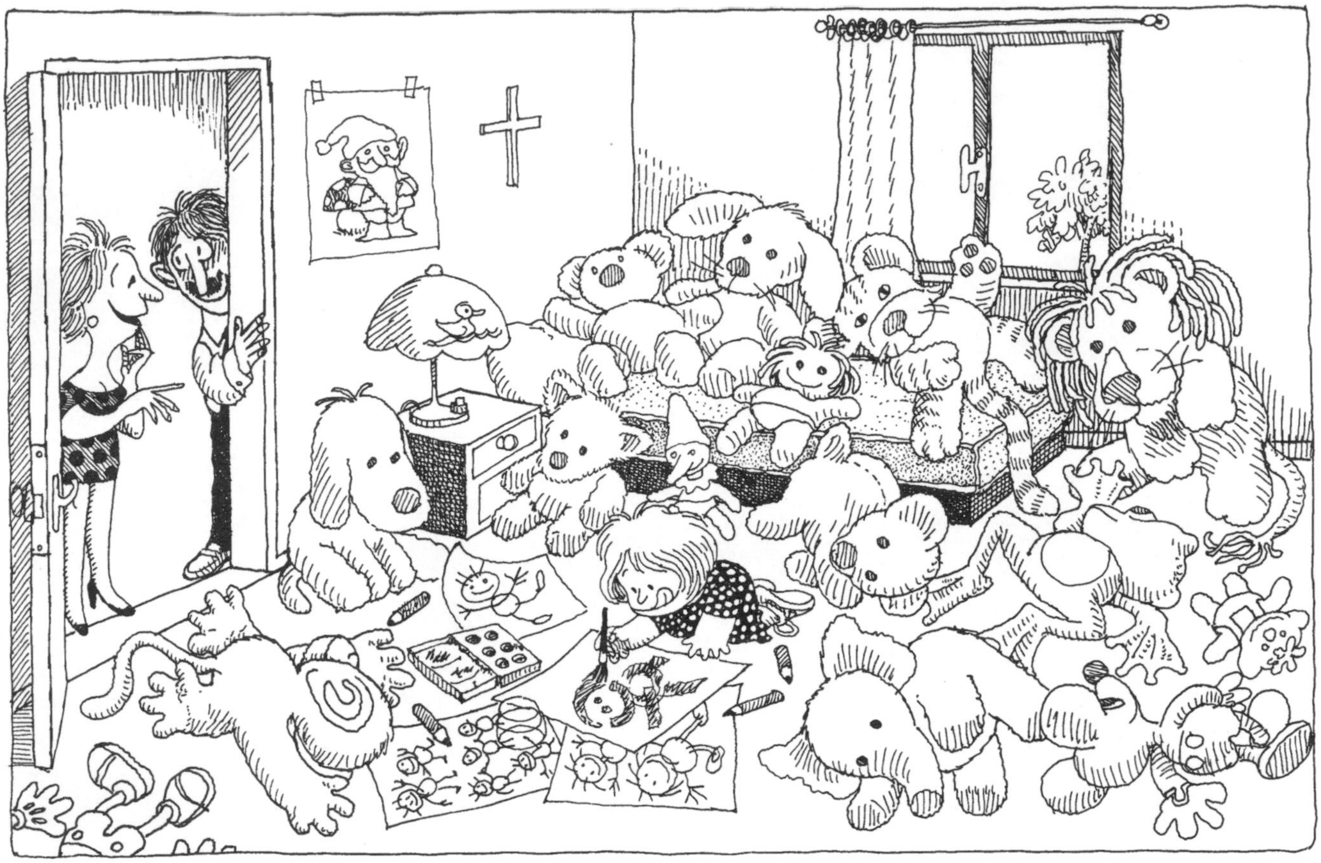

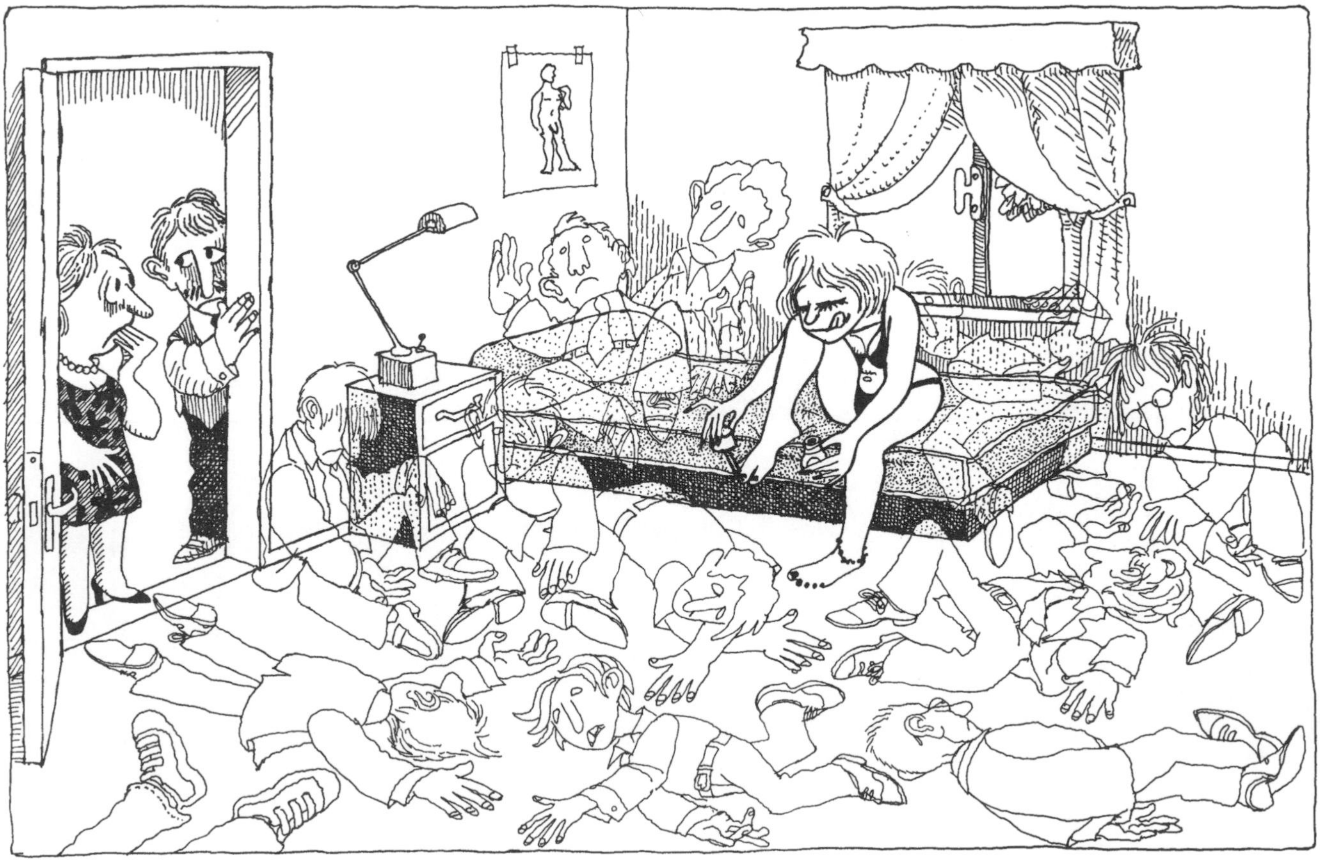

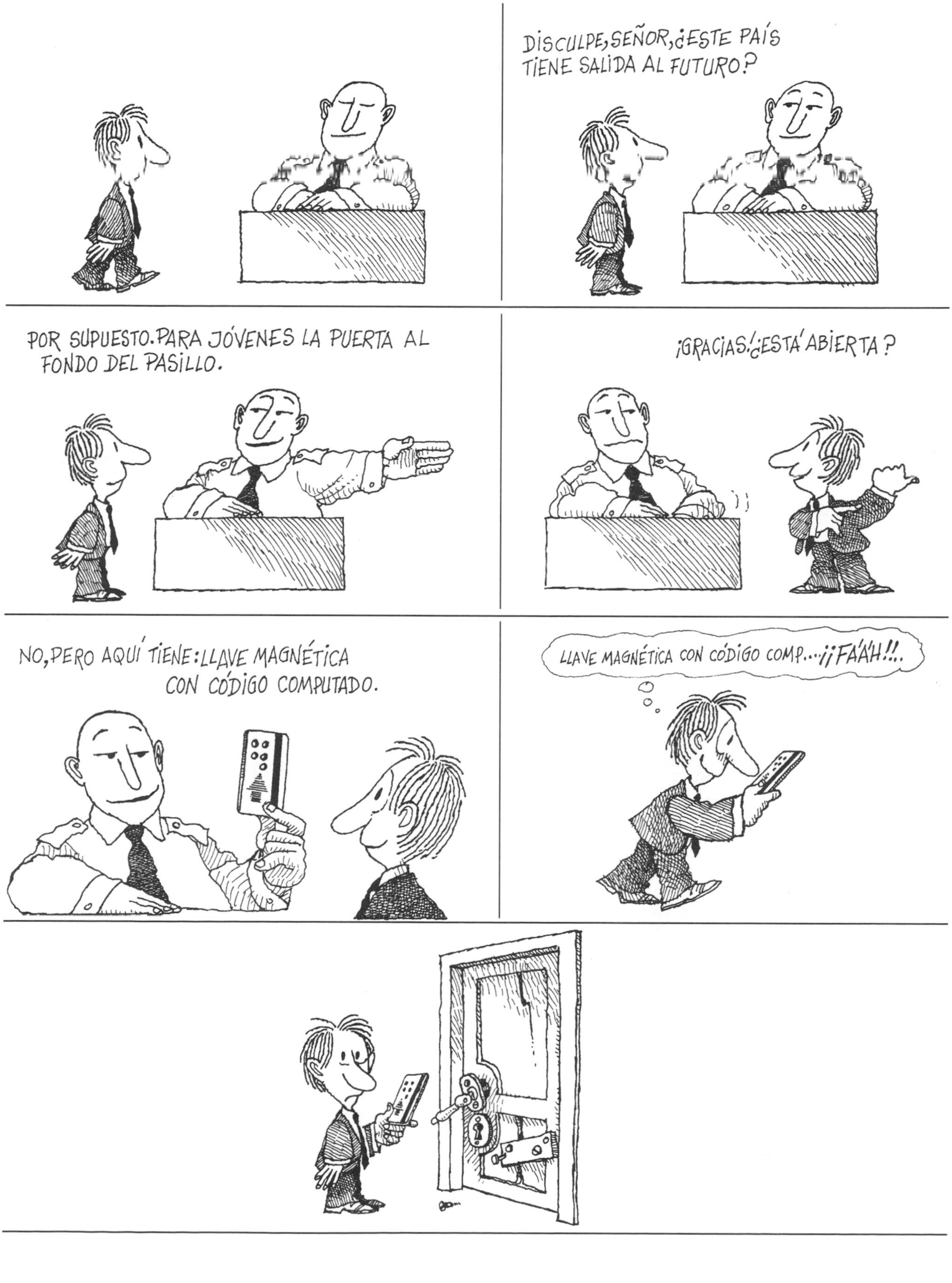
DISCULPE, SEÑOR, ¿ESTE PAÍS TIENE SALIDA AL FUTURO?
POR SUPUESTO. PARA JÓVENES LA PUERTA AL FONDO DEL PASILLO.
¡GRACIAS! ¿ESTÁ ABIERTA?
NO, PERO AQUÍ TIENE: LLAVE MAGNÉTICA CON CÓDIGO COMPUTADO.
LLAVE MAGNÉTICA CON CÓDIGO COMP...¡¡FAÁH!!.

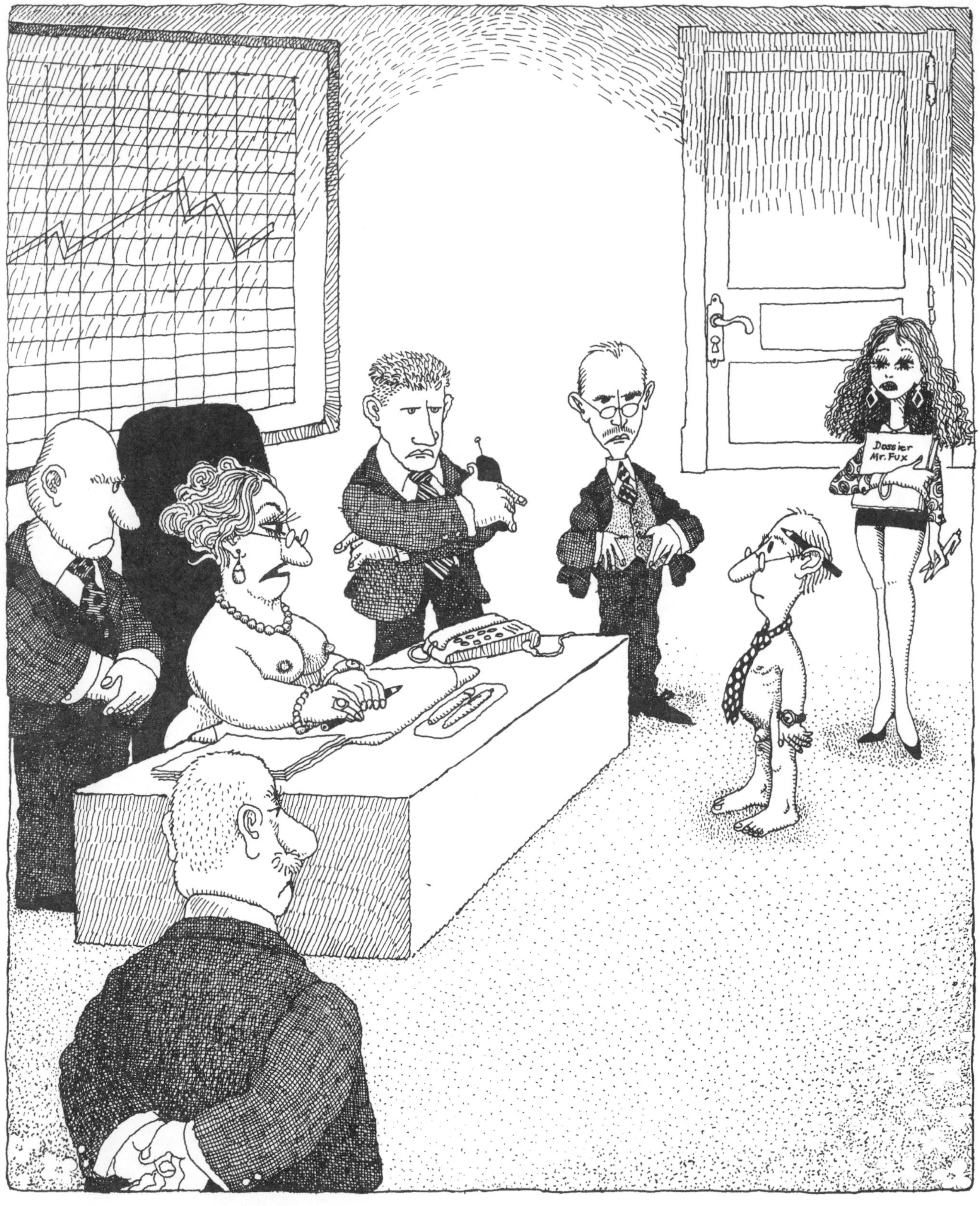
Dossier
Mr. Fux

~LO HE MANDADO A LLAMAR, SEÑOR FUX, PARA QUE ME EXPLIQUE **QUIÉN** SE CREE USTED QUE ES DENTRO DE ESTA EMPRESA.

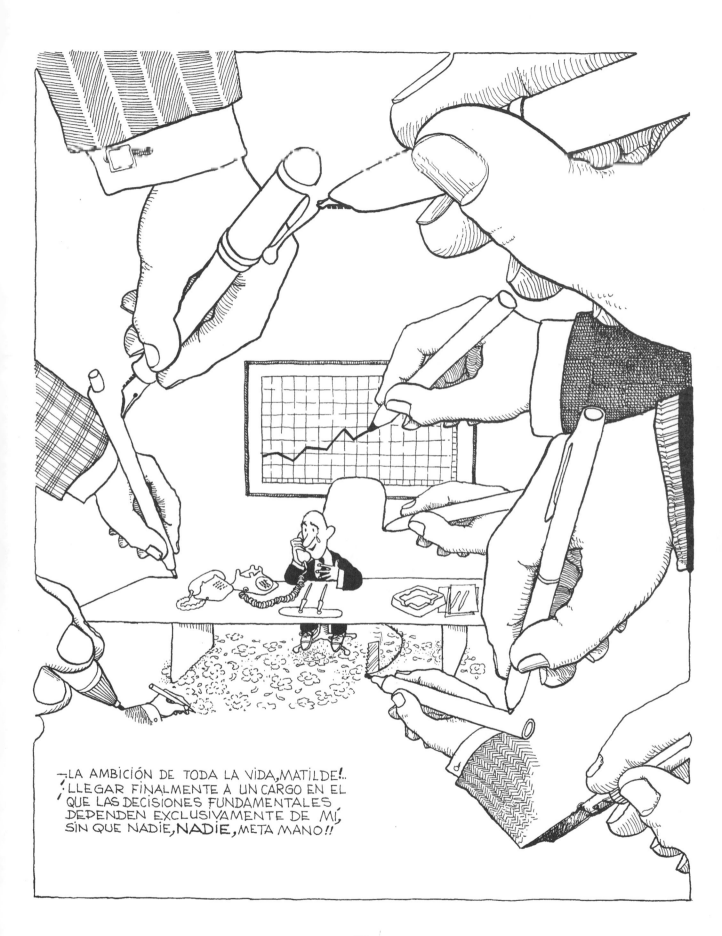

—¡LA AMBICIÓN DE TODA LA VIDA, MATILDE!...
¡LLEGAR FINALMENTE A UN CARGO EN EL
QUE LAS DECISIONES FUNDAMENTALES
DEPENDEN EXCLUSIVAMENTE DE MÍ,
SIN QUE NADIE, NADIE, META MANO!!

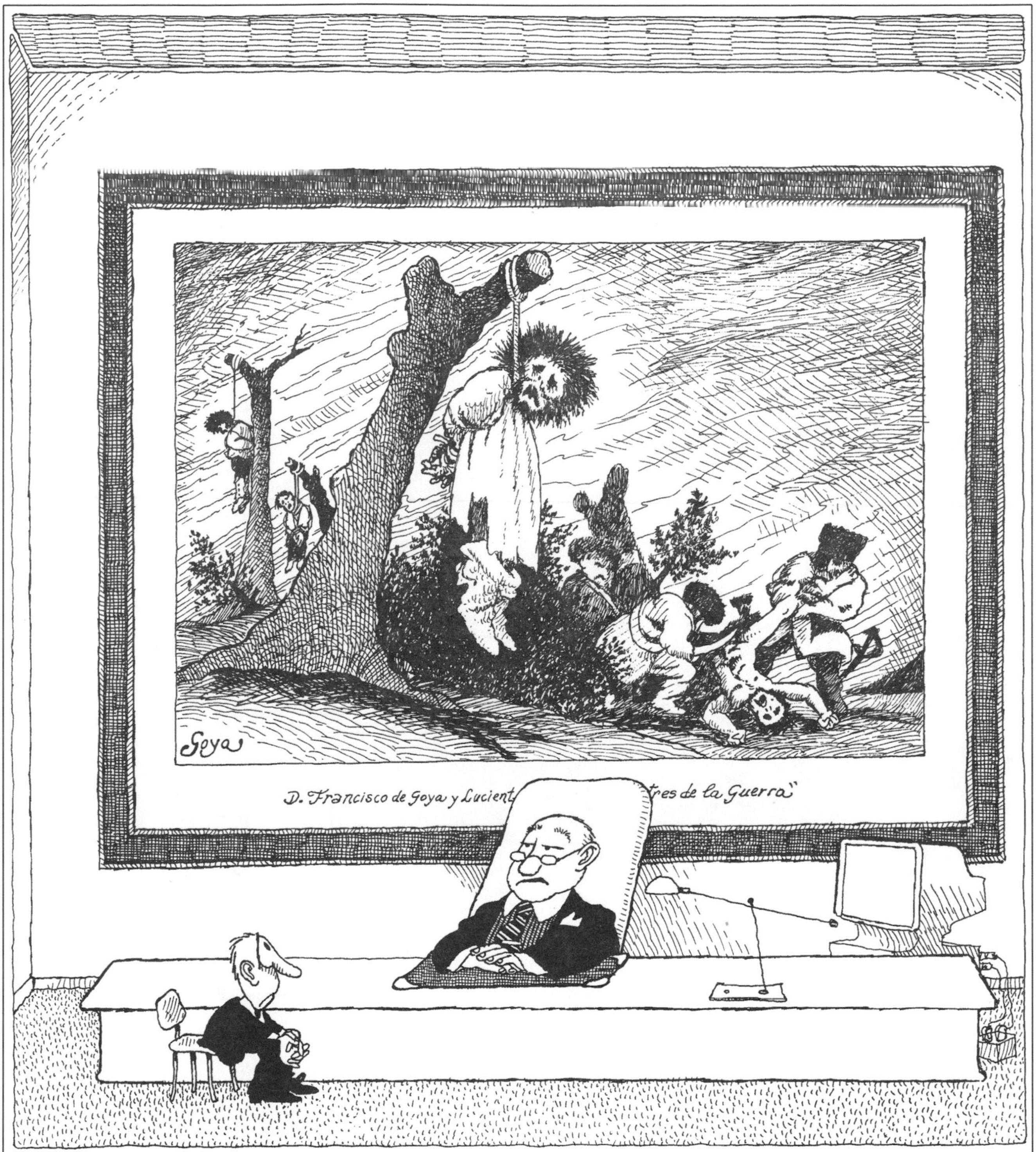
Goya
D. Francisco de Goya y Lucient
tres de la Guerra"
–LA FILOSOFÍA DE NUESTRO INSTITUTO DE CRÉDITO SE INSPIRA EN UNA SANA VOLUNTAD DE SOCORRER ECONÓMICAMENTE A QUIEN LO NECESITE, OTORGANDO PRÉSTAMOS EN EFECTIVO QUE, LÓGICAMENTE, DEBEN SER RESTITUÍDOS LUEGO POR EL CLIENTE CON LA ESTRICTA PUNTUALIDAD DE PLAZOS Y LOS INTERESES QUE JUZGUEMOS MÁS ADECUADOS A FIN DE NO VERNOS OBLIGADOS A ABANDONAR EL HUMANITARIO ESPÍRITU DE SOLIDARIDAD QUE NOS ANIMA

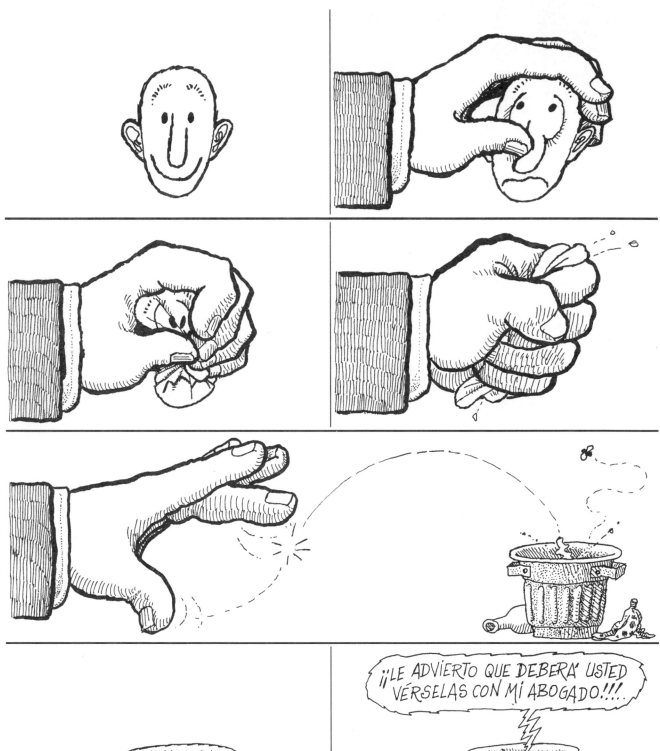

¡¡LE ADVIERTO QUE DEBERÁ USTED VÉRSELAS CON MI ABOGADO!!!.

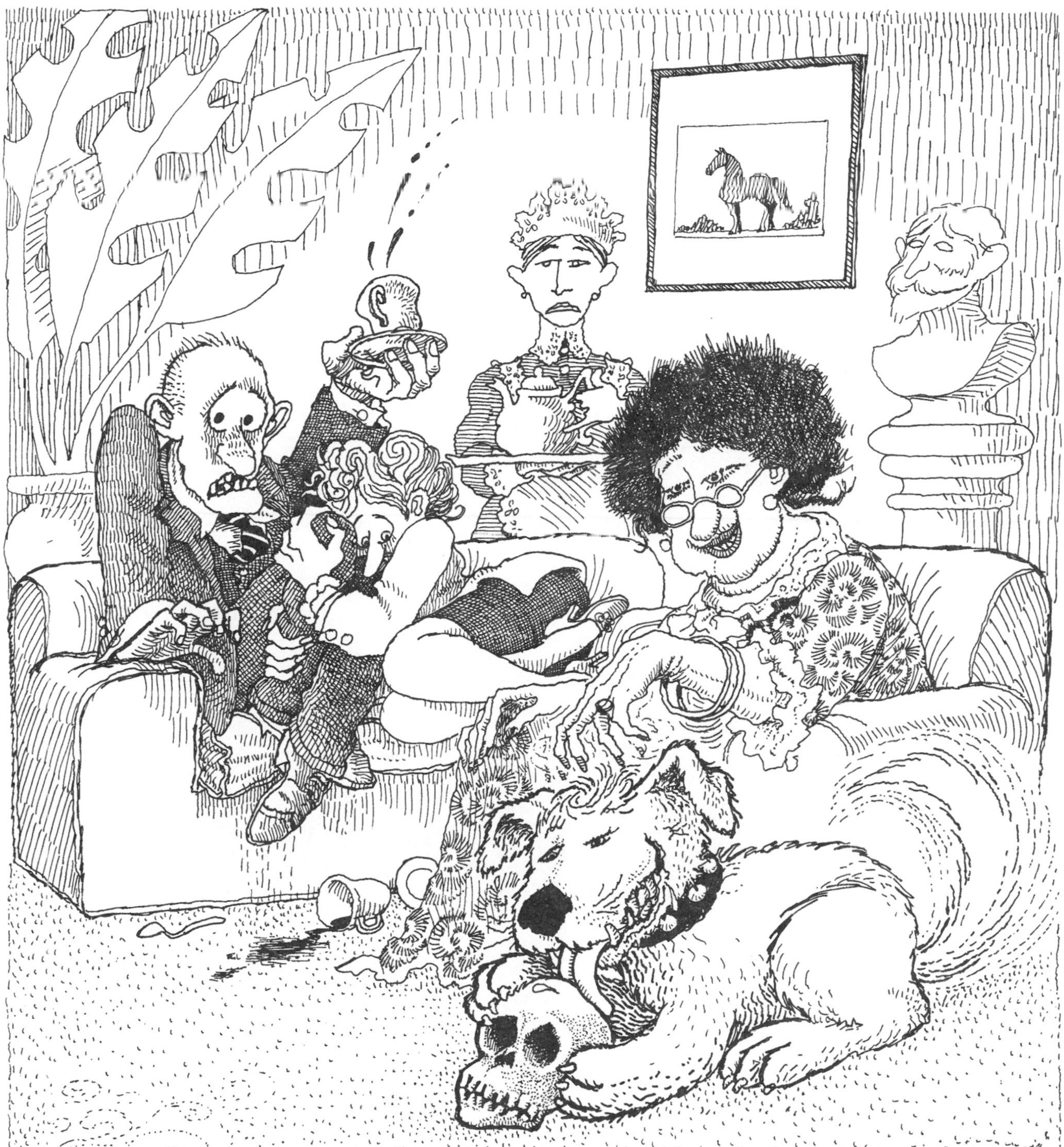

—POR SUPUESTO QUE, CADA TANTO, APARECE ALGUNA PERSONA QUE A ÉL PUEDE NO CAERLE BIEN AL PRINCIPIO, PERO LUEGO... ¡MIREN QUÉ CARIÑO LE TOMA, EL MUY BONACHÓN!!!

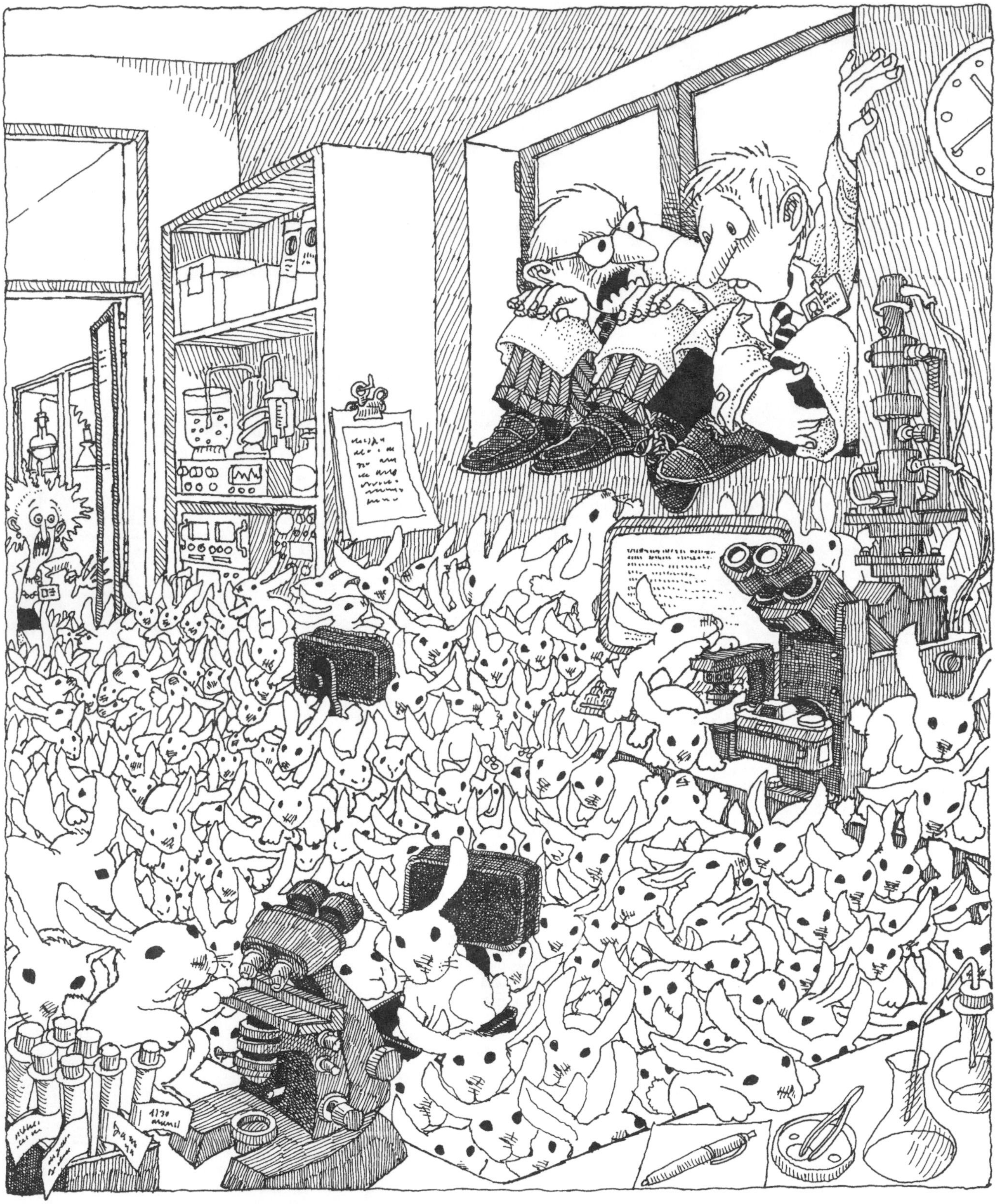

–¡¡CLONAR CONEJOS!!..¡¡SÓLO A UN INSENSATO COMO USTED PUEDE OCURRÍRSELE CLONAR CONEJOS SABIENDO CÓMO SON, LOS CONEJOS!!

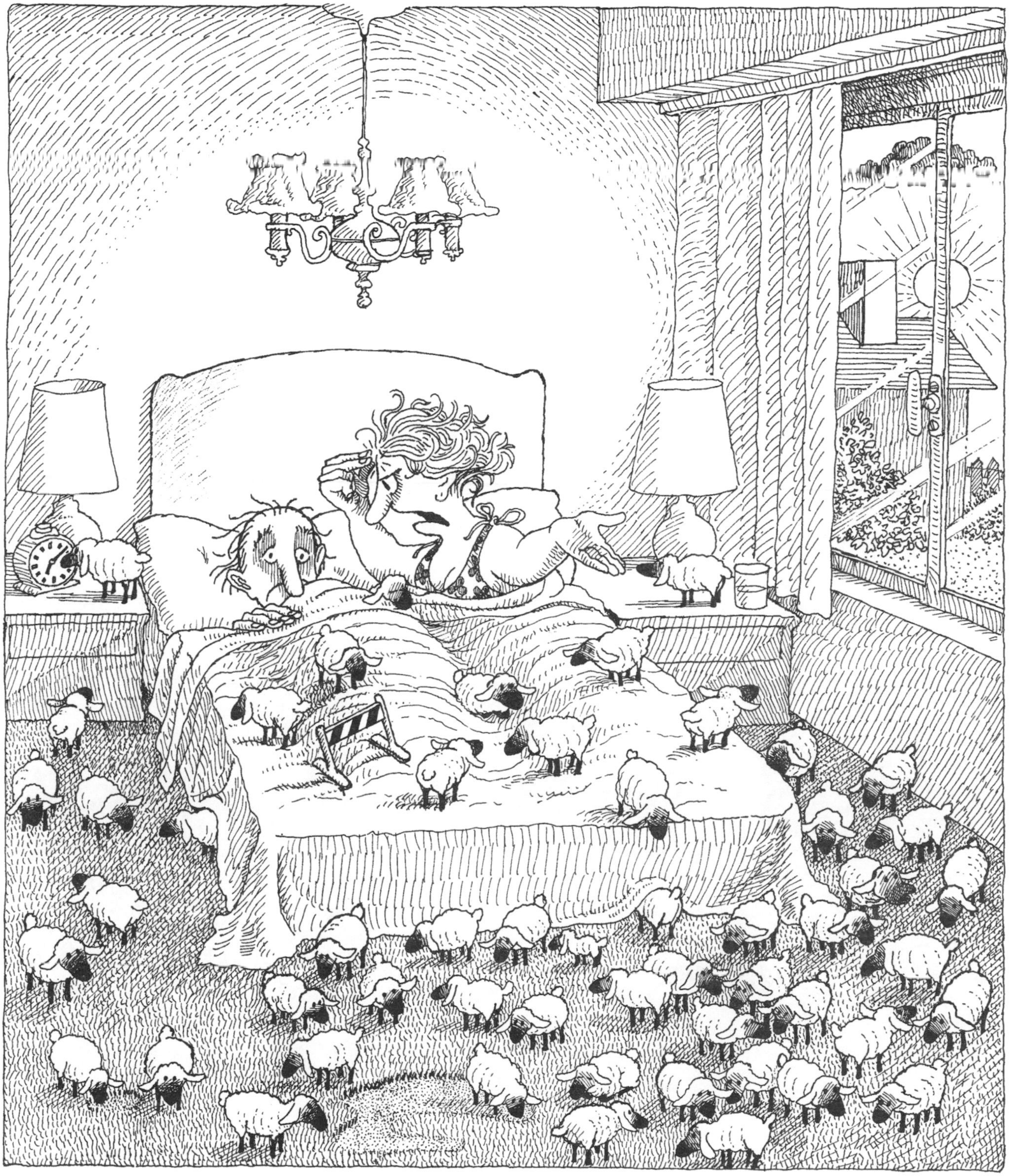

~ QUE NECESITES CONTARLAS PARA DORMIRTE, DE ACUERDO,
PERO AL MENOS LUEGO PODRÍAS SOÑAR QUE LAS EXPORTAN, O
QUE VIENE UN LOBO Y SE LAS COME A TODAS, O....¡QUÉ SÉ YO,...
NO SÉ, **ALGO** QUE NOS LIBRE DE ESTA MALDITA HISTORIA CADA MAÑANA !!

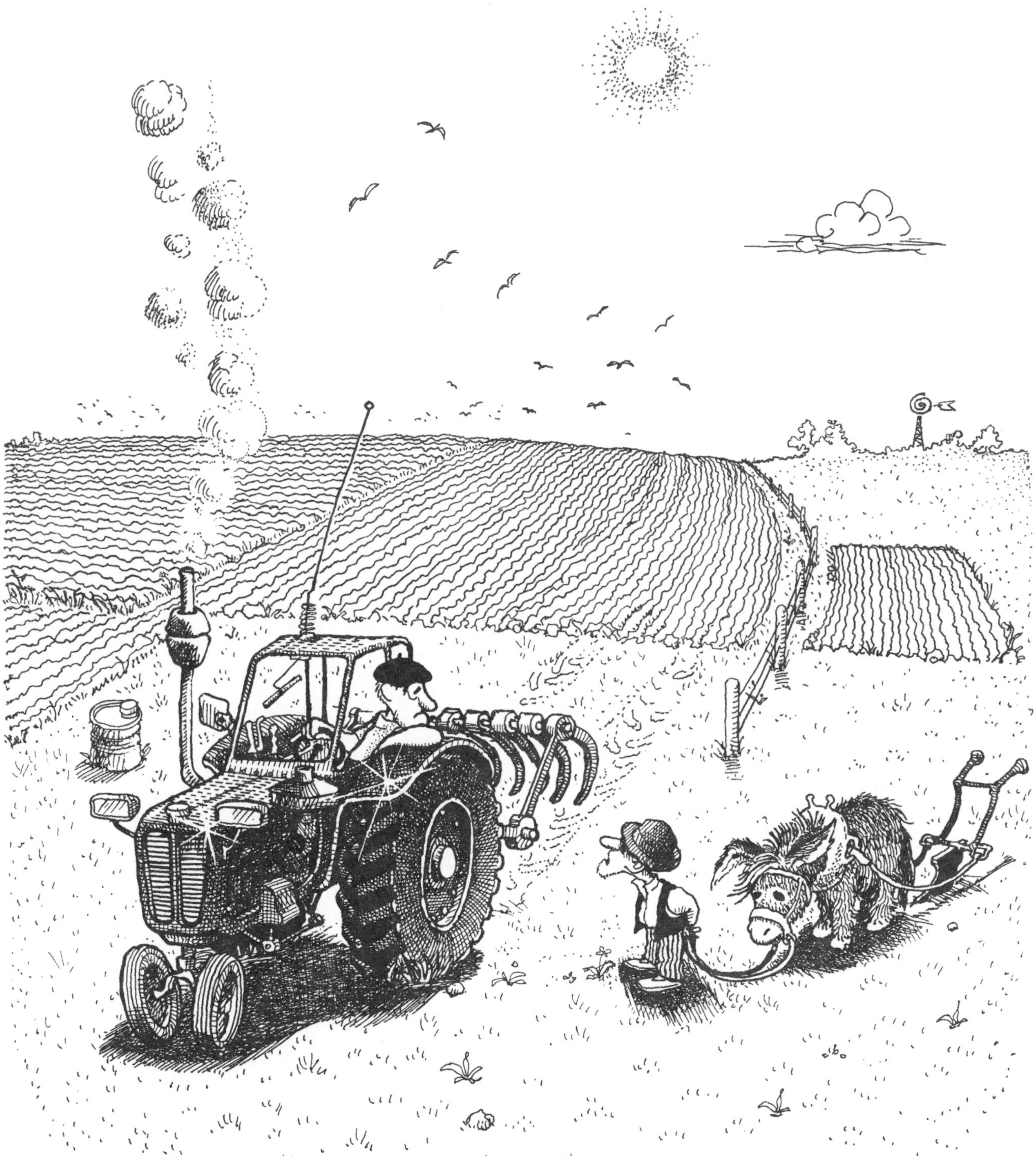

– SÍ, CLARO, MÁS MODERNO; PERO...
¿CON QUIÉN COMENTÁS TU VIDA?

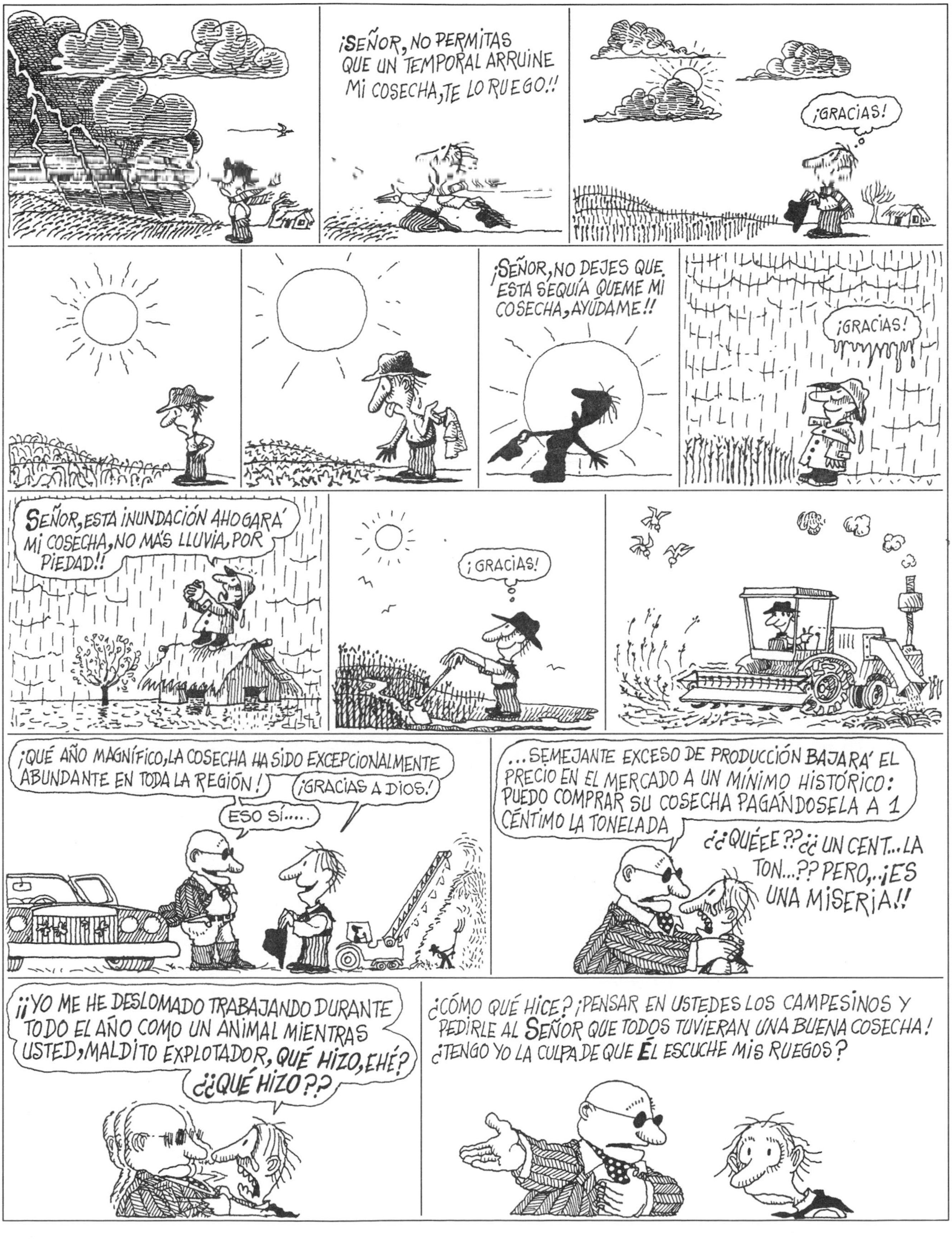
¡SEÑOR, NO PERMITAS QUE UN TEMPORAL ARRUINE MI COSECHA, TE LO RUEGO.!
¡GRACIAS!
¡SEÑOR, NO DEJES QUE ESTA SEQUÍA QUEME MI COSECHA, AYÚDAME!!
¡GRACIAS!
SEÑOR, ESTA INUNDACIÓN AHOGARÁ MI COSECHA, NO MÁS LLUVIA, POR PIEDAD!!
¡GRACIAS!
¡QUÉ AÑO MAGNÍFICO, LA COSECHA HA SIDO EXCEPCIONALMENTE ABUNDANTE EN TODA LA REGIÓN!
¡GRACIAS A DIOS!
ESO SÍ.....
...SEMEJANTE EXCESO DE PRODUCCIÓN BAJARÁ EL PRECIO EN EL MERCADO A UN MÍNIMO HISTÓRICO: PUEDO COMPRAR SU COSECHA PAGÁNDOSELA A 1 CÉNTIMO LA TONELADA
¿¿QUÉEE??¿¿UN CENT...LA TON...?? PERO,..¡ES UNA MISERIA!!
¡¡YO ME HE DESLOMADO TRABAJANDO DURANTE TODO EL AÑO COMO UN ANIMAL MIENTRAS USTED, MALDITO EXPLOTADOR, QUÉ HIZO, EHÉ? ¿¿QUÉ HIZO??
¿CÓMO QUÉ HICE? ¡PENSAR EN USTEDES LOS CAMPESINOS Y PEDIRLE AL SEÑOR QUE TODOS TUVIERAN UNA BUENA COSECHA! ¿TENGO YO LA CULPA DE QUE ÉL ESCUCHE MIS RUEGOS?

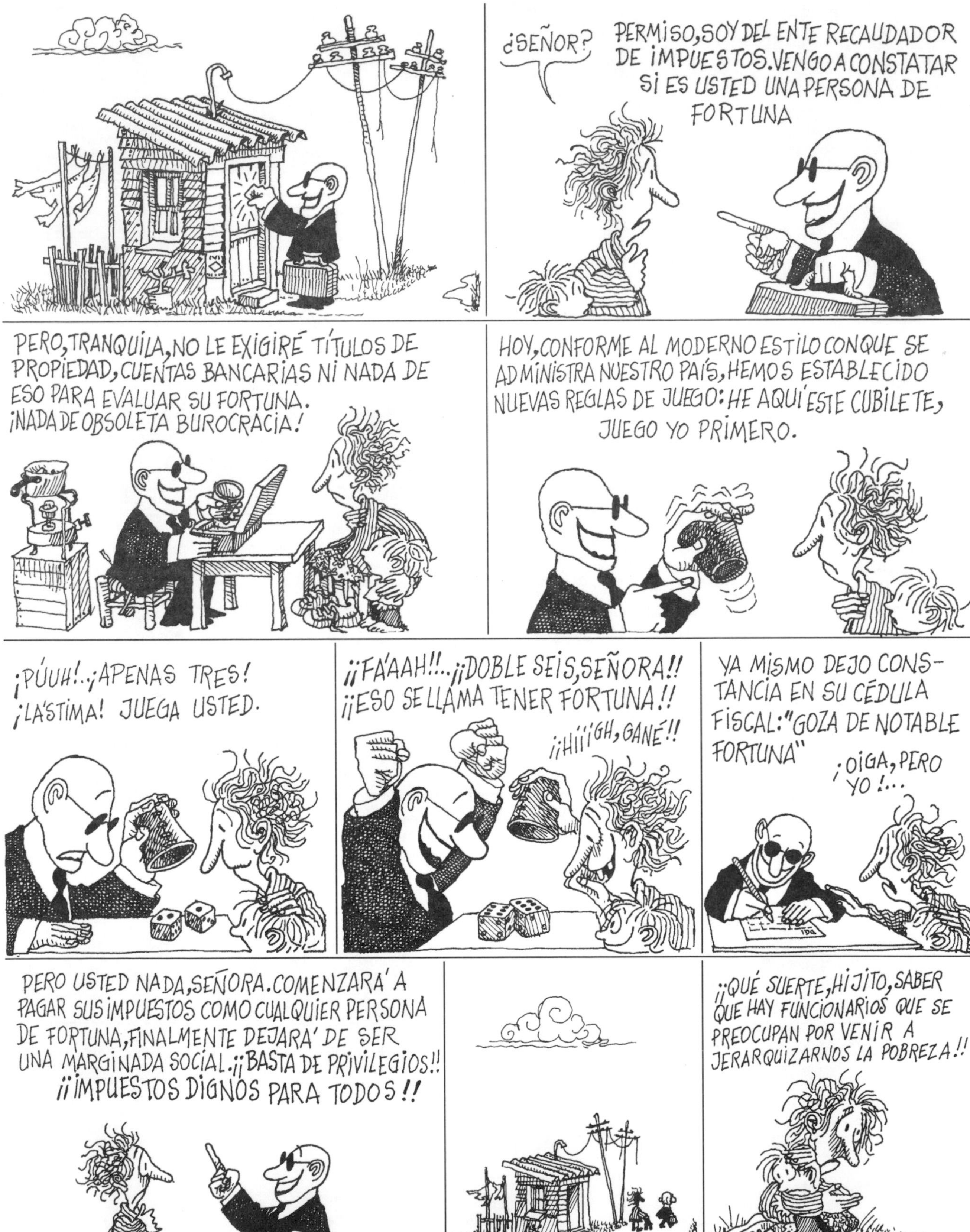
¿SEÑOR?
PERMISO, SOY DEL ENTE RECAUDADOR DE IMPUESTOS. VENGO A CONSTATAR SI ES USTED UNA PERSONA DE FORTUNA
PERO, TRANQUILA, NO LE EXIGIRÉ TÍTULOS DE PROPIEDAD, CUENTAS BANCARIAS NI NADA DE ESO PARA EVALUAR SU FORTUNA. ¡NADA DE OBSOLETA BUROCRACIA!
HOY, CONFORME AL MODERNO ESTILO CON QUE SE ADMINISTRA NUESTRO PAÍS, HEMOS ESTABLECIDO NUEVAS REGLAS DE JUEGO: HE AQUÍ ESTE CUBILETE, JUEGO YO PRIMERO.
¡PÚUH!..¡APENAS TRES! ¡LÁSTIMA! JUEGA USTED.
¡¡FÁAAH!!..¡¡DOBLE SEIS, SEÑORA!! ¡¡ESO SE LLAMA TENER FORTUNA!!
¡¡HIII'GH, GANÉ!!
YA MISMO DEJO CONSTANCIA EN SU CÉDULA FISCAL: "GOZA DE NOTABLE FORTUNA"
¡OIGA, PERO YO!...
PERO USTED NADA, SEÑORA. COMENZARÁ A PAGAR SUS IMPUESTOS COMO CUALQUIER PERSONA DE FORTUNA, FINALMENTE DEJARÁ DE SER UNA MARGINADA SOCIAL. ¡¡BASTA DE PRIVILEGIOS!! ¡¡IMPUESTOS DIGNOS PARA TODOS!!
¡¡QUÉ SUERTE, HIJITO, SABER QUE HAY FUNCIONARIOS QUE SE PREOCUPAN POR VENIR A JERARQUIZARNOS LA POBREZA!!

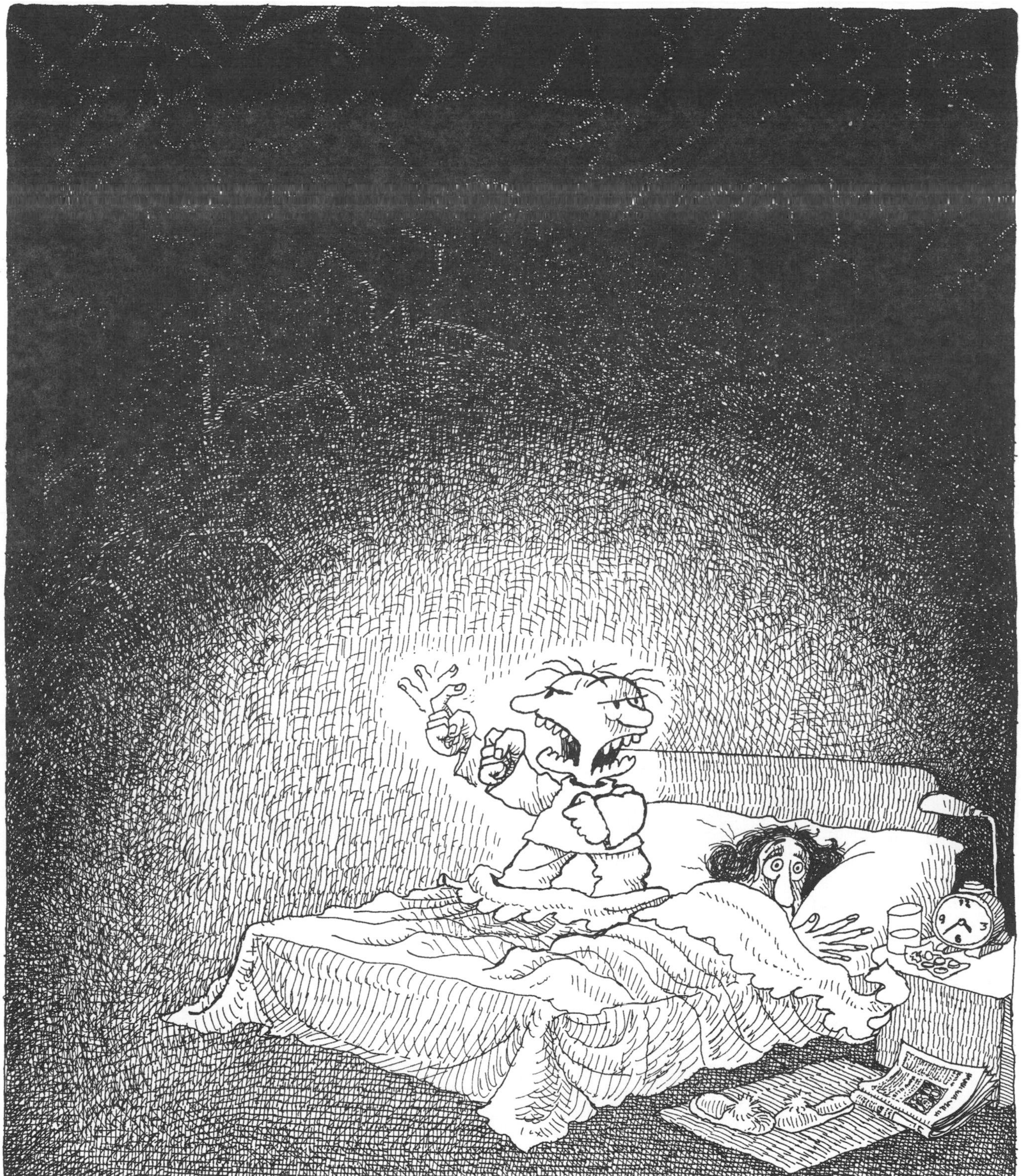

–¡¡VENGAN, VENGAN NO MÁS!!...¡¡CUOTAS, IMPUESTOS, INTERESES, DECRETOS, VENCIMIENTOS, FACTURAS, COMPROBANTES, REAJUSTES!! ¡¡ATRÉVANSE, SÉ QUE ESTÁN AHÍ!! ¡¡NO LOGRARÁN DESVELARME, MANGA DE COBARDES BASTARDOS DEGENERADOS!!

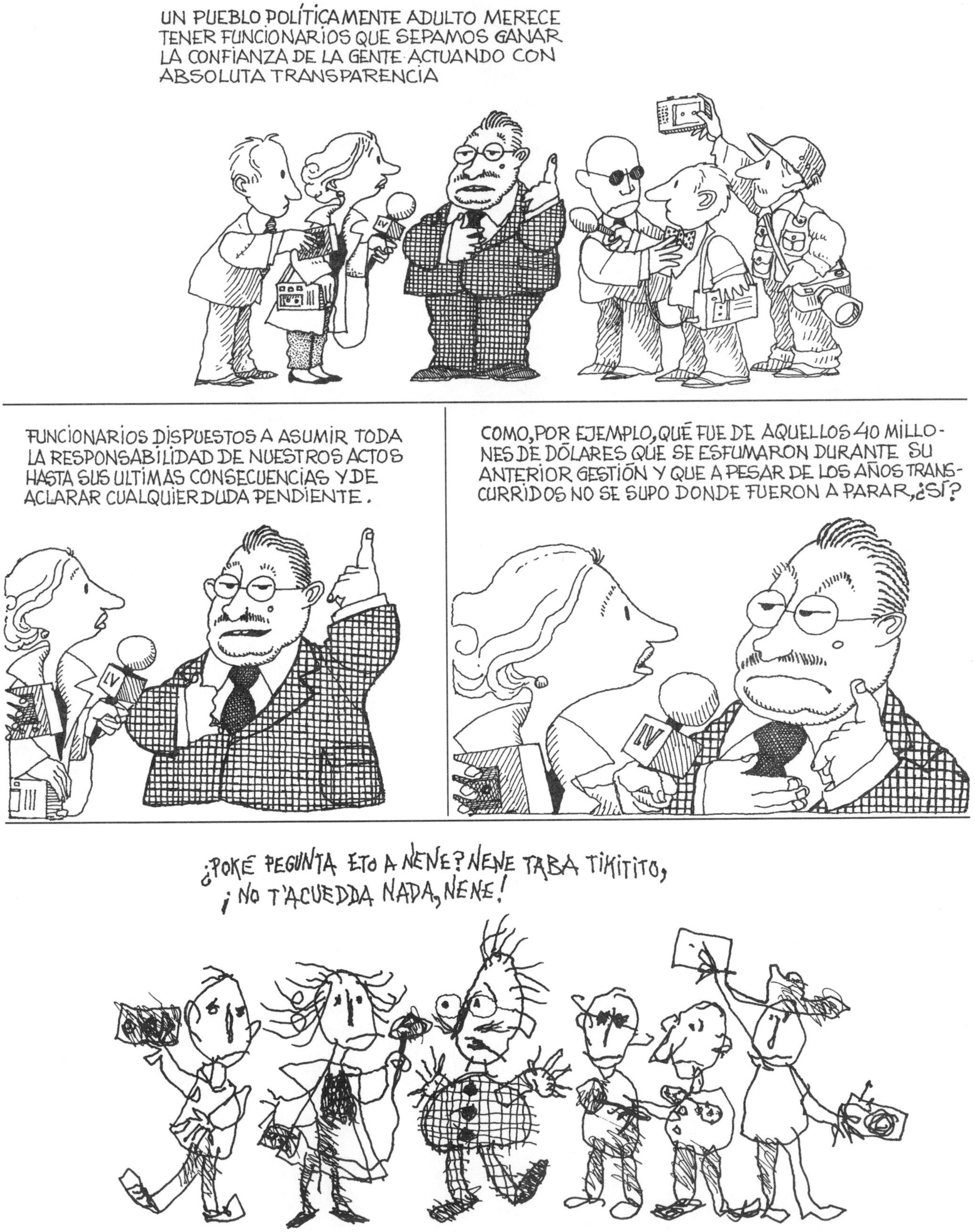
UN PUEBLO POLÍTICAMENTE ADULTO MERECE TENER FUNCIONARIOS QUE SEPAMOS GANAR LA CONFIANZA DE LA GENTE ACTUANDO CON ABSOLUTA TRANSPARENCIA
FUNCIONARIOS DISPUESTOS A ASUMIR TODA LA RESPONSABILIDAD DE NUESTROS ACTOS HASTA SUS ULTIMAS CONSECUENCIAS Y DE ACLARAR CUALQUIER DUDA PENDIENTE.
COMO, POR EJEMPLO, QUÉ FUE DE AQUELLOS 40 MILLONES DE DÓLARES QUE SE ESFUMARON DURANTE SU ANTERIOR GESTIÓN Y QUE A PESAR DE LOS AÑOS TRANSCURRIDOS NO SE SUPO DONDE FUERON A PARAR, ¿SÍ?
¿POKE PEGUNTA ETO A NENE? NENE TABA TIKITITO, ¡NO T'ACUEDDA NADA, NENE!

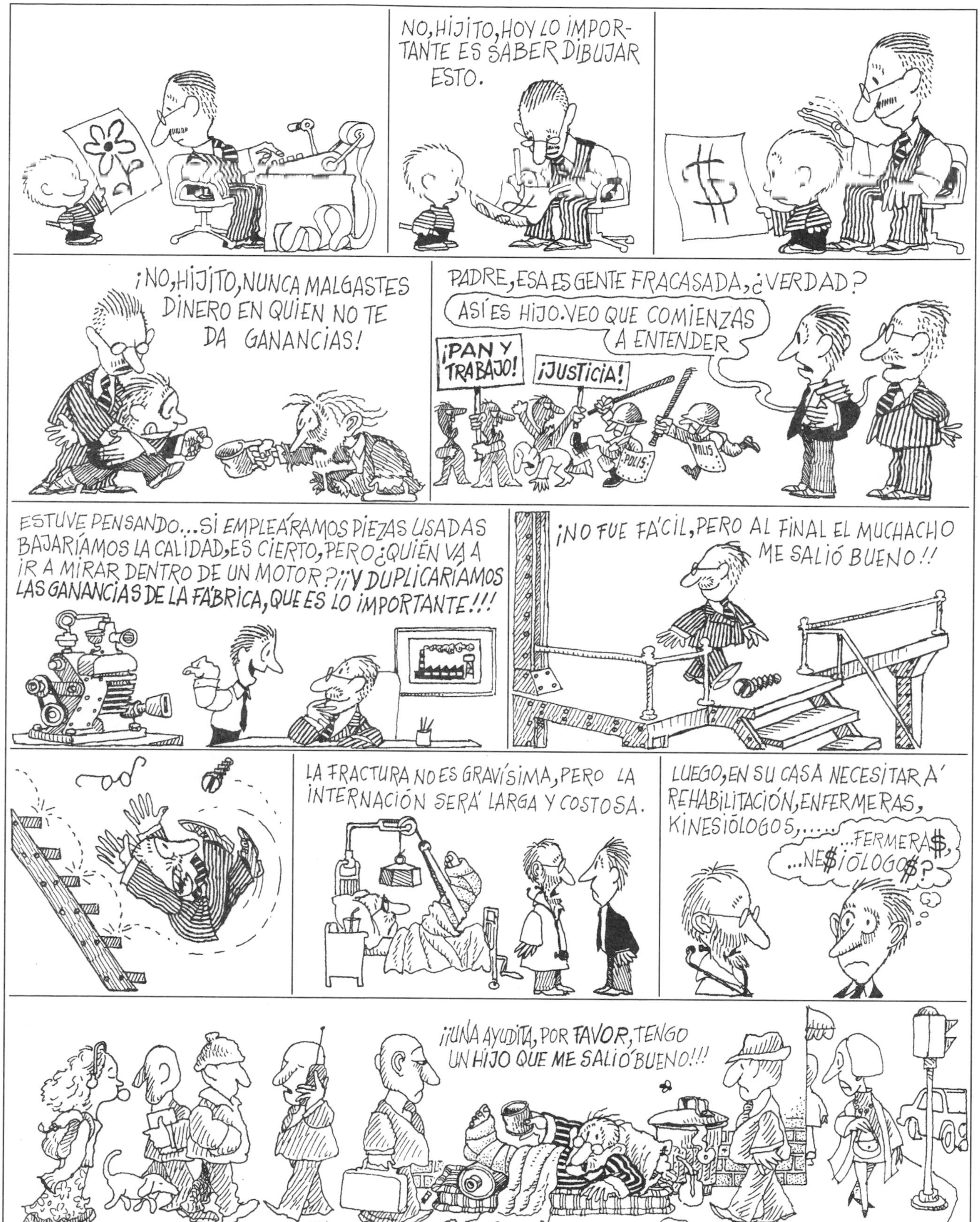
NO, HIJITO, HOY LO IMPORTANTE ES SABER DIBUJAR ESTO.
¡NO, HIJITO, NUNCA MALGASTES DINERO EN QUIEN NO TE DA GANANCIAS!
PADRE, ESA ES GENTE FRACASADA, ¿VERDAD?
ASÍ ES HIJO. VEO QUE COMIENZAS A ENTENDER
¡PAN Y TRABAJO!
¡JUSTICIA!
POLIS
POLIS
ESTUVE PENSANDO... SI EMPLEÁRAMOS PIEZAS USADAS BAJARÍAMOS LA CALIDAD, ES CIERTO, PERO ¿QUIÉN VA A IR A MIRAR DENTRO DE UN MOTOR? ¡¡Y DUPLICARÍAMOS LAS GANANCIAS DE LA FÁBRICA, QUE ES LO IMPORTANTE!!!
¡NO FUE FÁCIL, PERO AL FINAL EL MUCHACHO ME SALIÓ BUENO!!
LA FRACTURA NO ES GRAVÍSIMA, PERO LA INTERNACIÓN SERÁ LARGA Y COSTOSA.
LUEGO, EN SU CASA NECESITARÁ REHABILITACIÓN, ENFERMERAS, KINESIÓLOGOS,.....
...FERMERA$, ...NE$IÓLOGO$?
¡¡UNA AYUDITA, POR FAVOR, TENGO UN HIJO QUE ME SALIÓ BUENO!!!

BUENOS DÍAS, VENGO POR UN CASO DE CORRUPCIÓN.

ESO ES MUY GRAVE, AMIGO, ¿CÓMO ESTÁ DISPUESTO A ARREGLARLO?

ENTIENDO, USTED RECIBIÓ MENOS DINERO DE LO CONVENIDO Y QUISIERA ARREGLAR CUENTAS.

¡YO NO RECIBÍ NADA DE NADIE! ¡¡NO SOY UN SUCIO CORRUPTO!!

¿PRETENDE ENTONCES DENUNCIAR A TERCEROS? ¡CUIDADO! ¿TIENE PRUEBAS?

MIRE QUE LOS CORRUPTOS SABEN ARREGLÁRSELAS PARA DAR VUELTA TODO, ¡USTED PODRÍA SER DENUNCIADO POR CALUMNIAS!

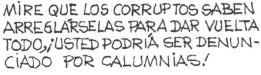

¡¡ 인 ※ # !!

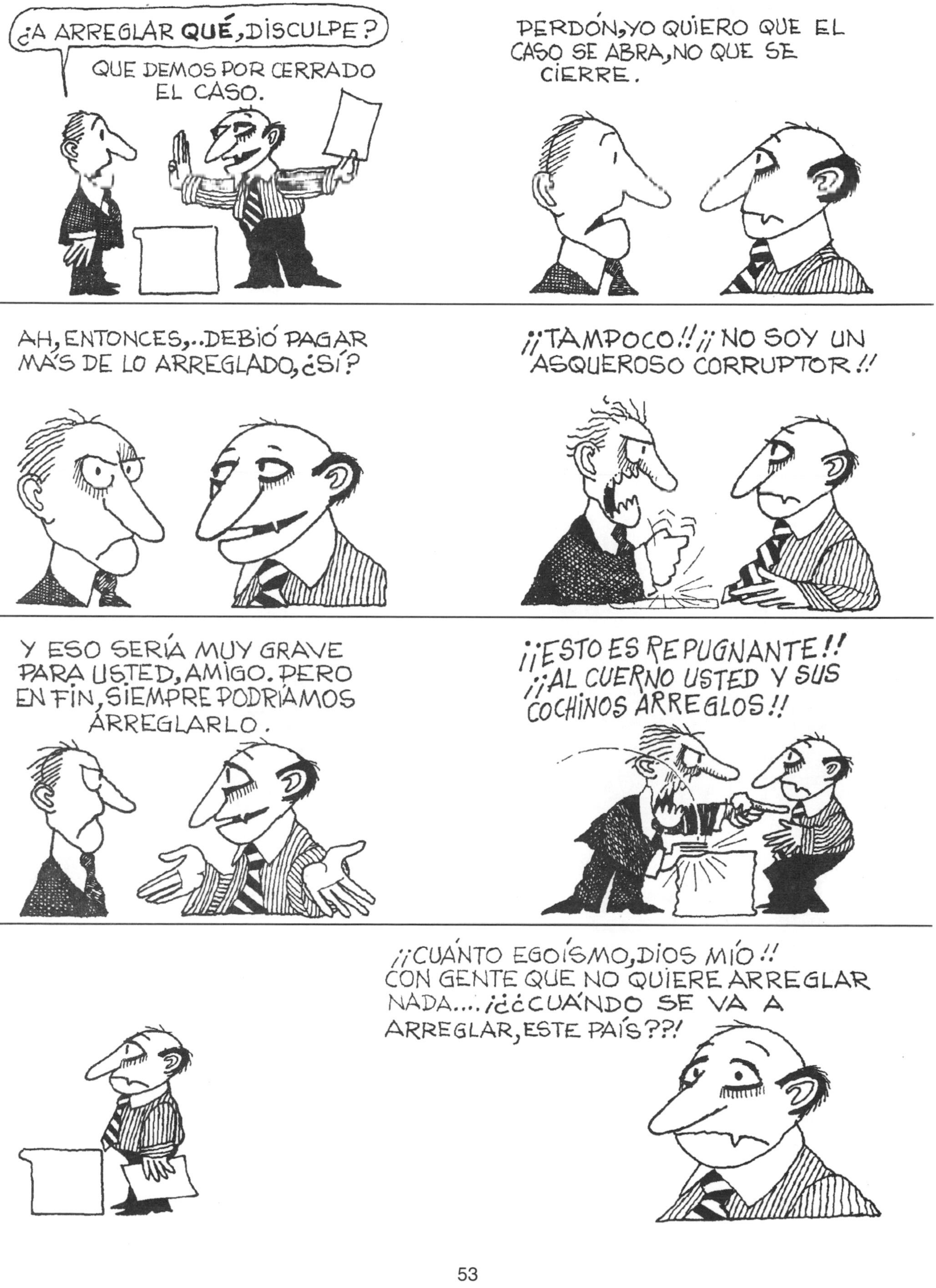
¿A ARREGLAR **QUÉ**, DISCULPE?
QUE DEMOS POR CERRADO EL CASO.
PERDÓN, YO QUIERO QUE EL CASO SE ABRA, NO QUE SE CIERRE.
AH, ENTONCES,.. DEBIÓ PAGAR MÁS DE LO ARREGLADO, ¿SÍ?
¡¡TAMPOCO!! ¡¡NO SOY UN ASQUEROSO CORRUPTOR!!
Y ESO SERÍA MUY GRAVE PARA USTED, AMIGO. PERO EN FIN, SIEMPRE PODRÍAMOS ARREGLARLO.
¡¡ESTO ES REPUGNANTE!! ¡¡AL CUERNO USTED Y SUS COCHINOS ARREGLOS!!
¡¡CUÁNTO EGOÍSMO, DIOS MÍO!! CON GENTE QUE NO QUIERE ARREGLAR NADA.... ¡¿¿CUÁNDO SE VA A ARREGLAR, ESTE PAÍS??!

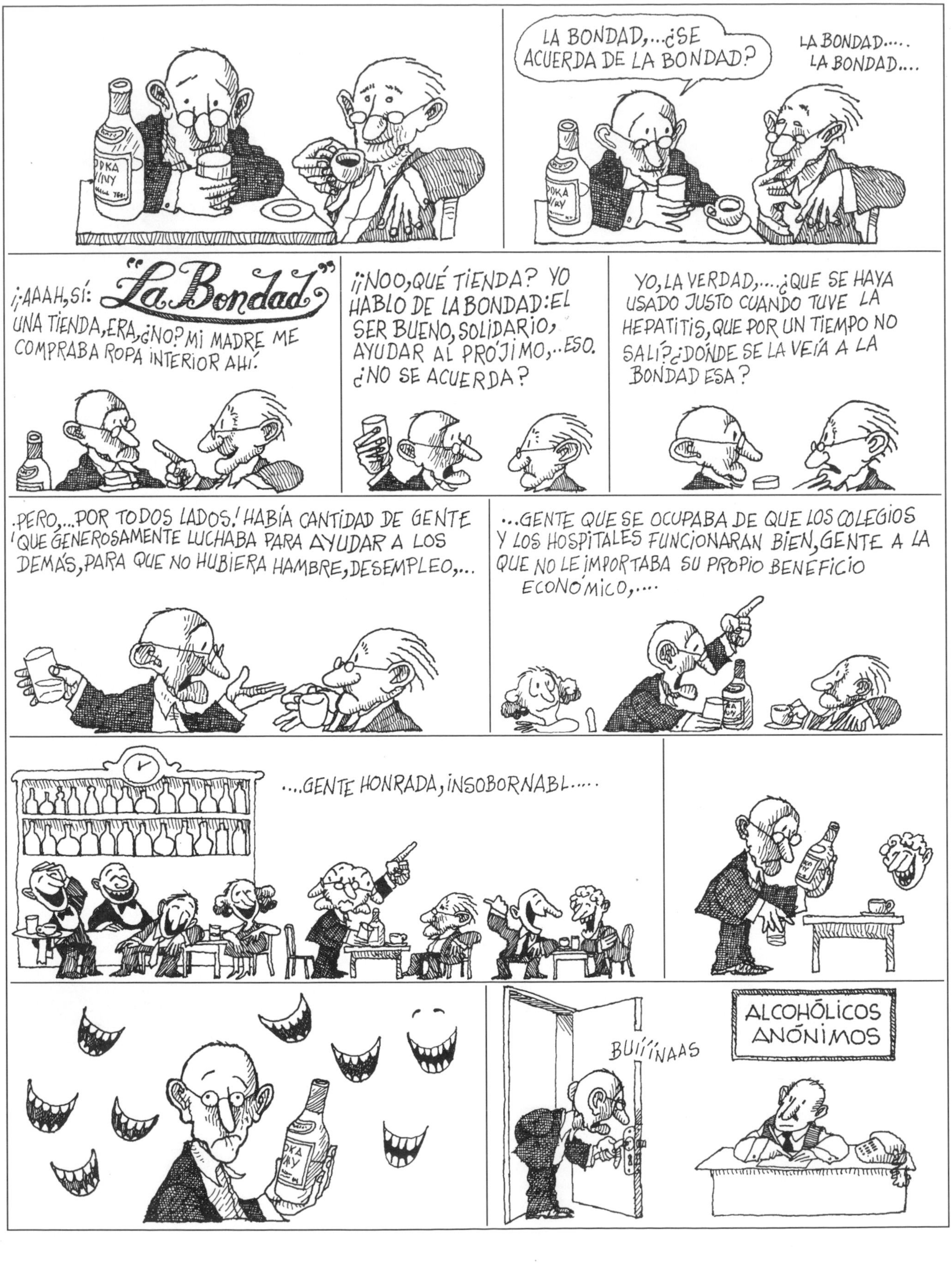

LA BONDAD,...¿SE ACUERDA DE LA BONDAD?
LA BONDAD..... LA BONDAD....
¡¿AAAH, SÍ: "La Bondad" UNA TIENDA, ERA, ¿NO? MI MADRE ME COMPRABA ROPA INTERIOR AHÍ.
¡¡NOO, QUÉ TIENDA? YO HABLO DE LA BONDAD: EL SER BUENO, SOLIDARIO, AYUDAR AL PRÓJIMO,..ESO. ¿NO SE ACUERDA?
YO, LA VERDAD,....¿QUE SE HAYA USADO JUSTO CUANDO TUVE LA HEPATITIS, QUE POR UN TIEMPO NO SALÍ? ¿DÓNDE SE LA VEÍA A LA BONDAD ESA?
.PERO,...POR TODOS LADOS! HABÍA CANTIDAD DE GENTE QUE GENEROSAMENTE LUCHABA PARA AYUDAR A LOS DEMÁS, PARA QUE NO HUBIERA HAMBRE, DESEMPLEO,...
...GENTE QUE SE OCUPABA DE QUE LOS COLEGIOS Y LOS HOSPITALES FUNCIONARAN BIEN, GENTE A LA QUE NO LE IMPORTABA SU PROPIO BENEFICIO ECONÓMICO,....
....GENTE HONRADA, INSOBORNABL.....
BUIÍÍNAAS
ALCOHÓLICOS ANÓNIMOS

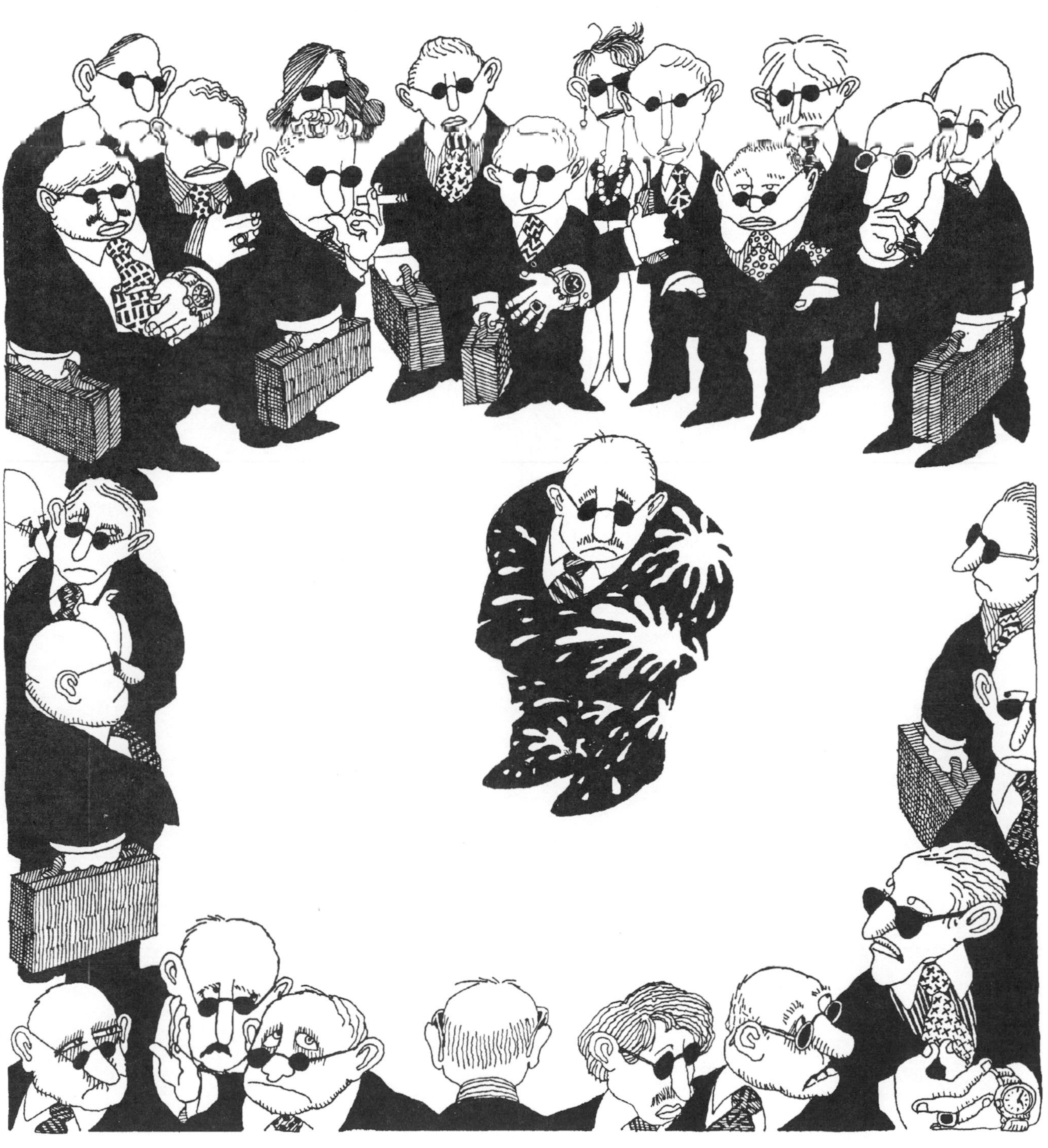

—¿QUIÉN PUEDE CONFIAR EN UN CORRUPTO QUE, DE PRONTO, APARECE TODO SALPICADO DE HONESTIDAD?

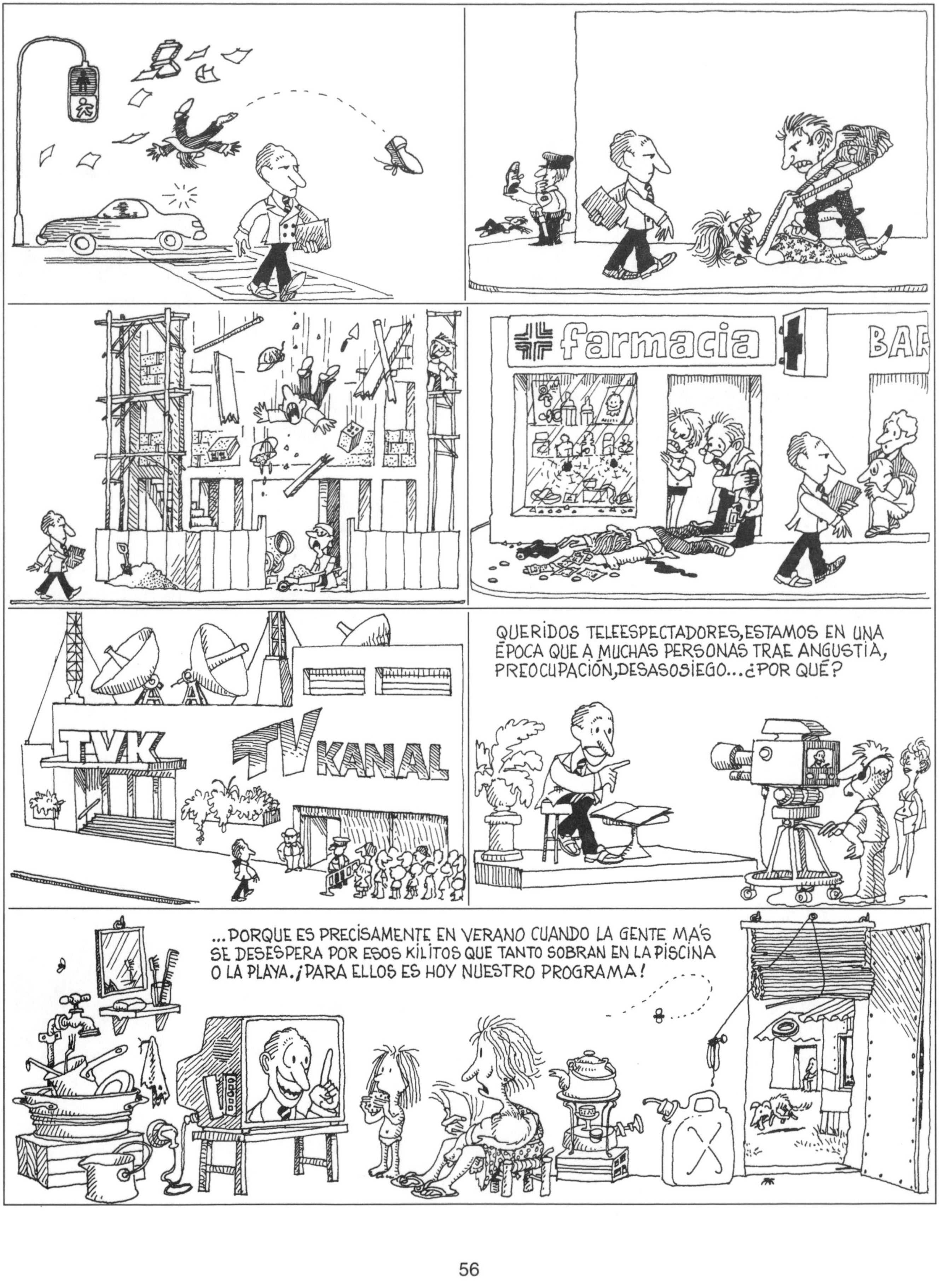
farmacia
BAR
TVK
TV KANAL
QUERIDOS TELEESPECTADORES, ESTAMOS EN UNA ÉPOCA QUE A MUCHAS PERSONAS TRAE ANGUSTIA, PREOCUPACIÓN, DESASOSIEGO...¿POR QUÉ?
...PORQUE ES PRECISAMENTE EN VERANO CUANDO LA GENTE MÁS SE DESESPERA POR ESOS KILITOS QUE TANTO SOBRAN EN LA PISCINA O LA PLAYA. ¡PARA ELLOS ES HOY NUESTRO PROGRAMA!

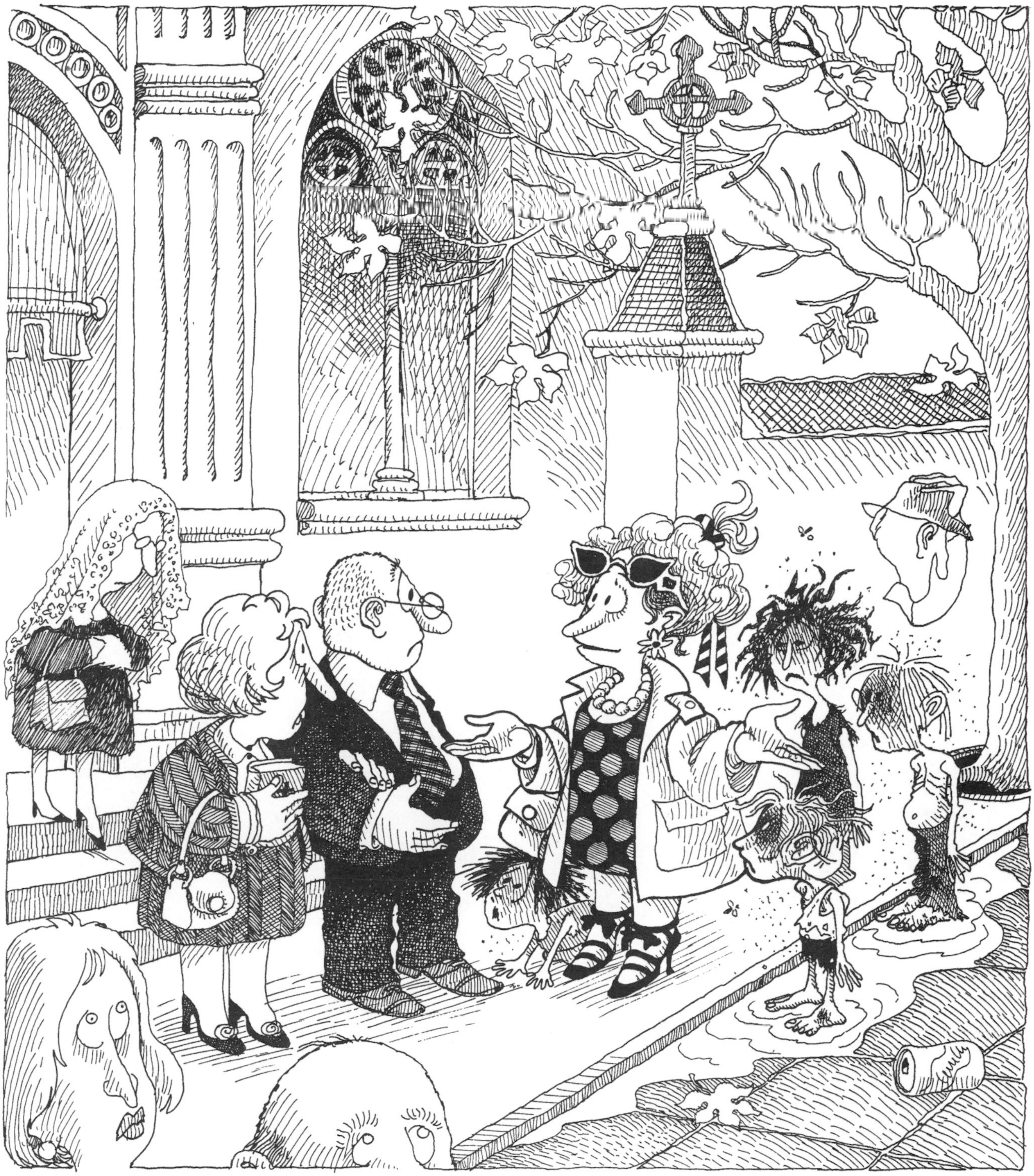

–VEA, SEÑOR, YO NO SOY UNA DE ESAS ASQUEROSAS MADRES DEGENERADAS, HIPÓCRITAS Y PLAÑIDERAS QUE UTILIZAN A SUS HIJOS PARA DAR LÁSTIMA, Y AQUÍ ESTÁN ELLOS QUE NO ME DEJAN MENTIR, ¿ME DA, POR FAVOR, UNA BUENA LIMOSNA PARA MÍ?

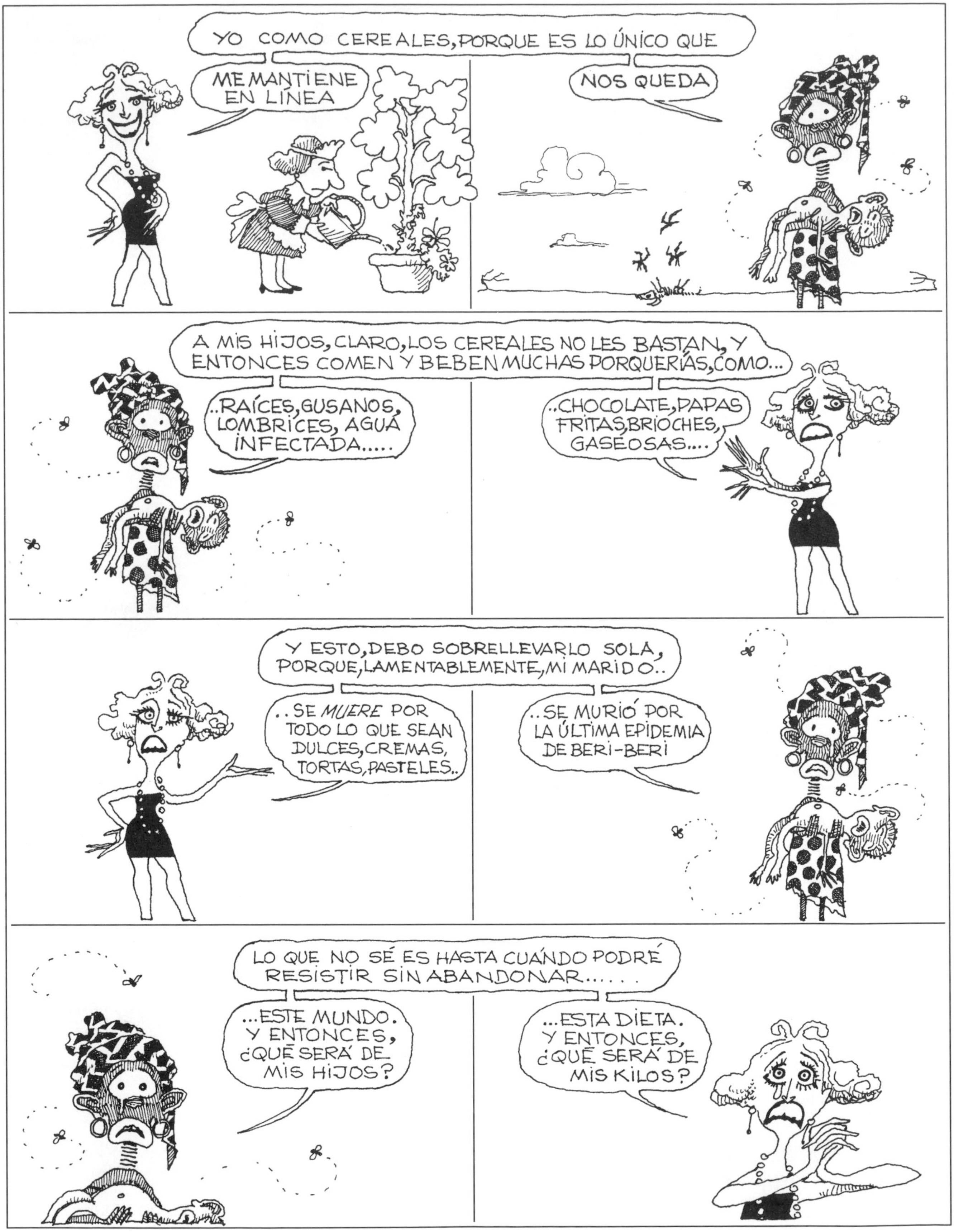
YO COMO CEREALES, PORQUE ES LO ÚNICO QUE
ME MANTIENE EN LÍNEA
NOS QUEDA
A MIS HIJOS, CLARO, LOS CEREALES NO LES BASTAN, Y ENTONCES COMEN Y BEBEN MUCHAS PORQUERÍAS, COMO...
..RAÍCES, GUSANOS, LOMBRICES, AGUA INFECTADA.....
..CHOCOLATE, PAPAS FRITAS, BRIOCHES, GASEOSAS....
Y ESTO, DEBO SOBRELLEVARLO SOLA, PORQUE, LAMENTABLEMENTE, MI MARIDO..
..SE *MUERE* POR TODO LO QUE SEAN DULCES, CREMAS, TORTAS, PASTELES..
..SE MURIÓ POR LA ÚLTIMA EPIDEMIA DE BERI-BERI
LO QUE NO SÉ ES HASTA CUÁNDO PODRÉ RESISTIR SIN ABANDONAR......
...ESTE MUNDO. Y ENTONCES, ¿QUÉ SERÁ DE MIS HIJOS?
...ESTA DIETA. Y ENTONCES, ¿QUÉ SERÁ DE MIS KILOS?

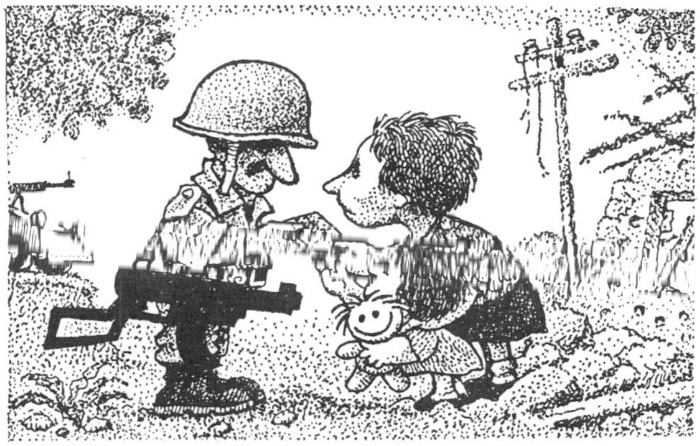

BOGROVO: UN SOLDADO DEL EJÉRCITO QUE APOYA AL DEMOCRÁTICO PRESIDENTE MAZEVICH REGALA CHOCOLATE A UNA MADRE Y SU HIJITA ENTRE LAS RUINAS DE SU CASA DESTRUIDA POR GUERRILLEROS.

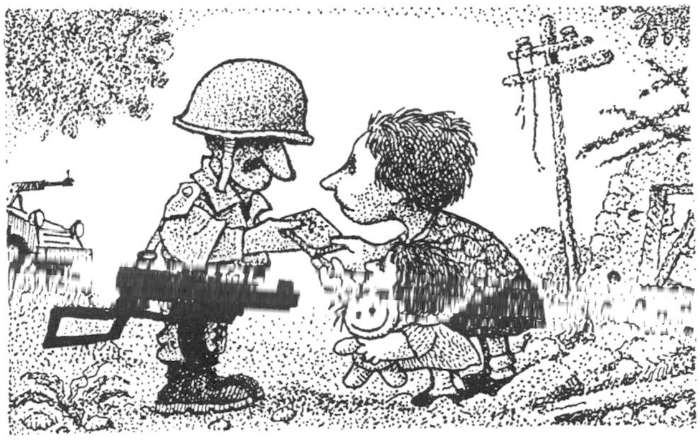

SAN JUAN DE TALPINGO: UN AGENTE DEL CUERPO ANTINARCÓTICOS CONTROLA LOS DOCUMENTOS DE UNA CAMPESINA. MUCHAS DE ELLAS UTILIZAN A SUS HIJOS PARA PASAR DROGA OCULTA EN SUS JUGUETES.

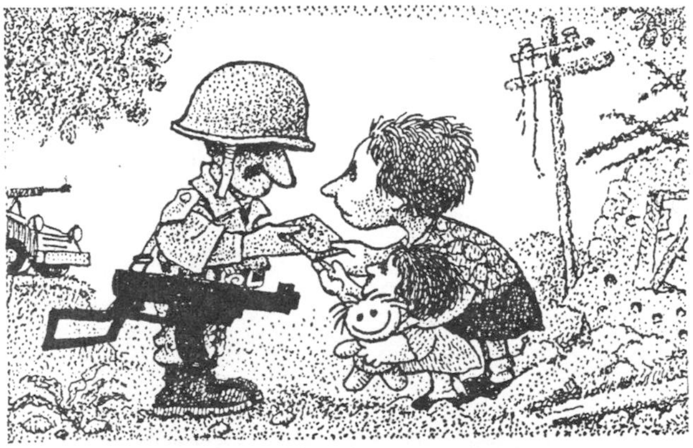

MAHÍLI: PARA CELEBRAR EL DÍA DEL EJÉRCITO LAS MUJERES DE ESTE PEQUEÑO PAÍS SIGUEN LA ANTIGUA TRADICIÓN DE OBSEQUIAR A CADA SOLDADO TABLETAS DE *KAOÉ*, UN TÍPICO DULCE ELABORADO CON SEMILLAS DE *PUÁJ*.

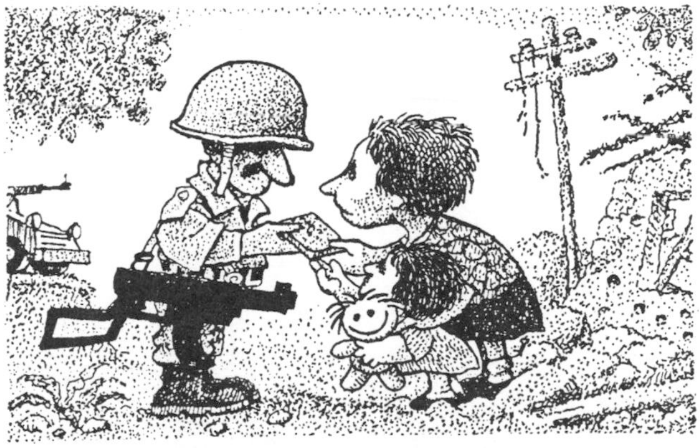

GINEBRA: UN INFORME DEL UNICEF REVELA QUE CRECE EN TODO EL MUNDO EL NÚMERO DE NIÑOS VÍCTIMAS DE ABUSO SEXUAL. EN LA FOTO, UNA MADRE OFRECE SU PEQUEÑA HIJA A UN IGNOTO SOLDADO A CAMBIO DE UN POCO DE CHOCOLATE.

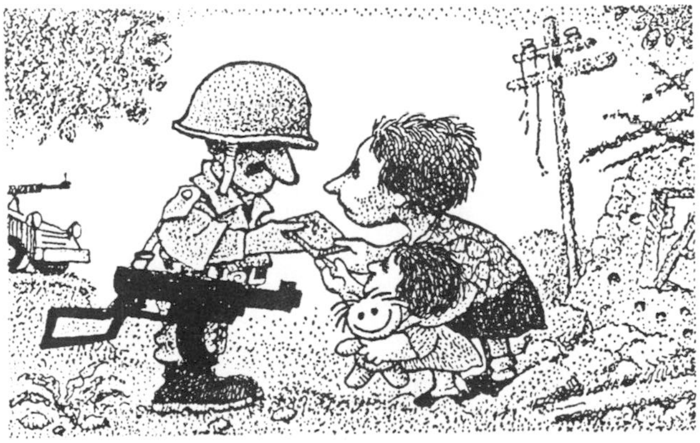

KÁFARA: UNA PEQUEÑA *KAFARITA* ENTREGA A UN INTEGRANTE DE LA MILICIA *VENGADORES POR LA PAZ* UN POEMA DE AGRADECIMIENTO POR HABER DADO MUERTE A LOS NIÑOS *MALUFITAS* QUE HABÍAN ROBADO SU MUÑECA.

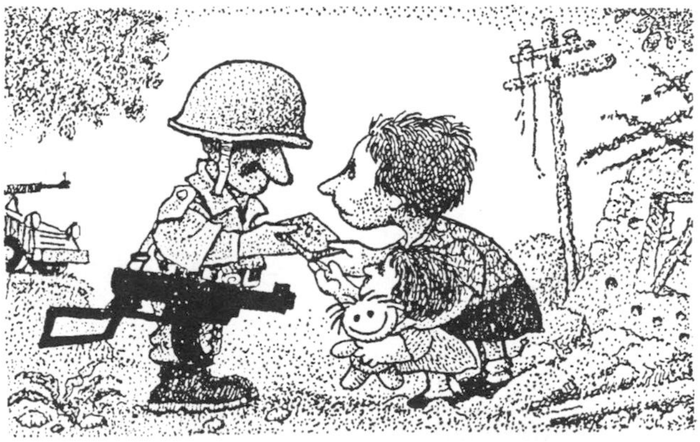

BOGROVO: UN GUERRILLERO DEL *FRENTE PATRIÓTICO* REGALA CHOCOLATE A UNA MADRE Y SU HIJITA ENTRE LAS RUINAS DE SU CASA DESTRUIDA POR EL EJÉRCITO QUE APOYA AL SANGUINARIO PTE. MAZEVICH.

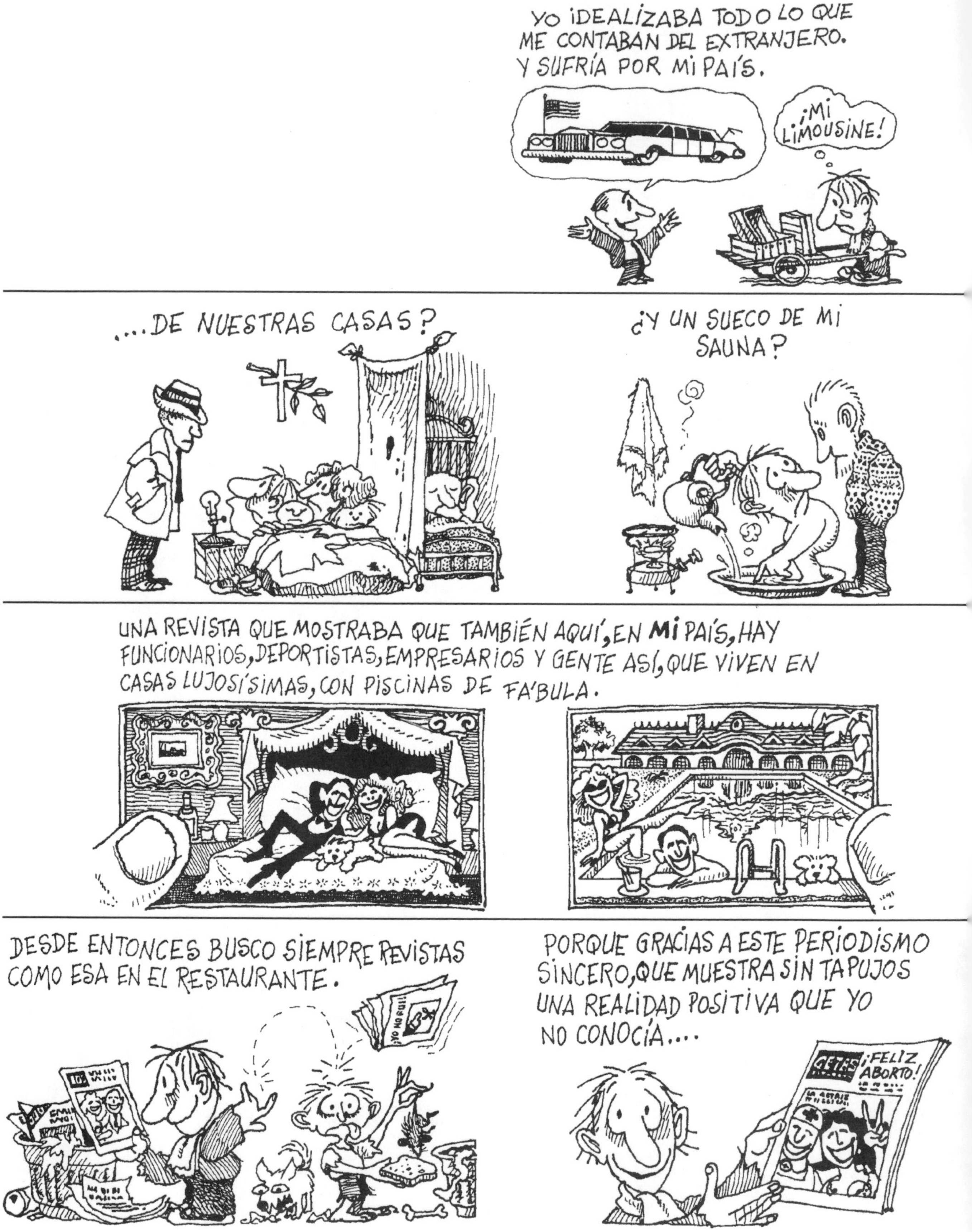
YO iDEALIZABA TODO LO QUE ME CONTABAN DEL EXTRANJERO. Y SUFRÍA POR MI PAÍS.
¡MI LIMOUSINE!
....DE NUESTRAS CASAS?
¿Y UN SUECO DE MI SAUNA?
UNA REVISTA QUE MOSTRABA QUE TAMBIÉN AQUÍ, EN MI PAÍS, HAY FUNCIONARIOS, DEPORTISTAS, EMPRESARIOS Y GENTE ASÍ, QUE VIVEN EN CASAS LUJOSÍSIMAS, CON PISCINAS DE FÁBULA.
DESDE ENTONCES BUSCO SIEMPRE REVISTAS COMO ESA EN EL RESTAURANTE.
PORQUE GRACIAS A ESTE PERIODISMO SINCERO, QUE MUESTRA SIN TAPUJOS UNA REALIDAD POSITIVA QUE YO NO CONOCÍA....
¡FELIZ ABORTO!

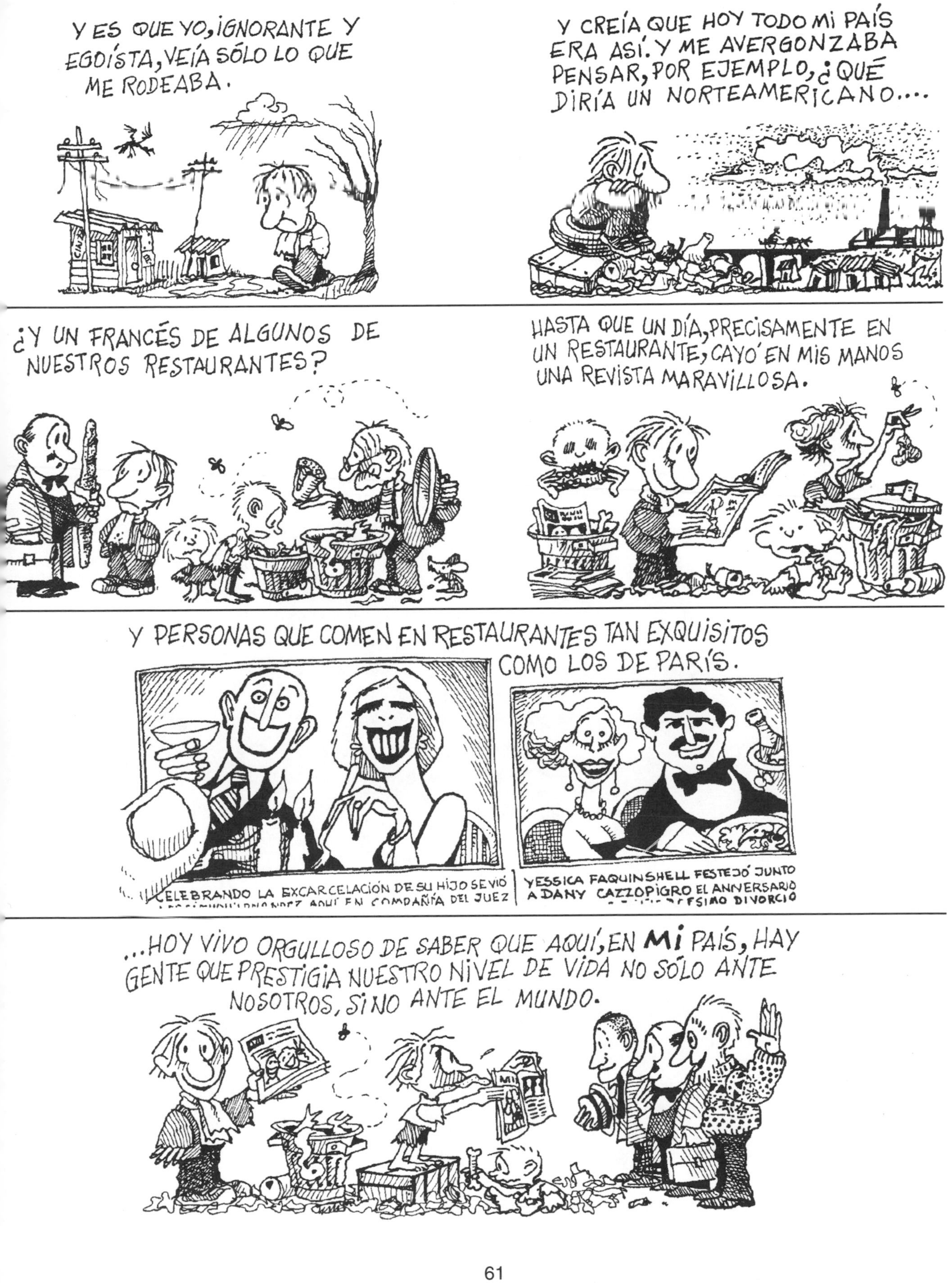
Y ES QUE YO, IGNORANTE Y EGOÍSTA, VEÍA SÓLO LO QUE ME RODEABA.
Y CREÍA QUE HOY TODO MI PAÍS ERA ASÍ. Y ME AVERGONZABA PENSAR, POR EJEMPLO, ¿QUÉ DIRÍA UN NORTEAMERICANO....
¿Y UN FRANCÉS DE ALGUNOS DE NUESTROS RESTAURANTES?
HASTA QUE UN DÍA, PRECISAMENTE EN UN RESTAURANTE, CAYÓ EN MIS MANOS UNA REVISTA MARAVILLOSA.
Y PERSONAS QUE COMEN EN RESTAURANTES TAN EXQUISITOS COMO LOS DE PARÍS.
CELEBRANDO LA EXCARCELACIÓN DE SU HIJO SE VIÓ AQUÍ EN COMPAÑÍA DEL JUEZ
YESSICA FAQUINSHELL FESTEJÓ JUNTO A DANY CAZZOPIGRO EL ANIVERSARIO
...HOY VIVO ORGULLOSO DE SABER QUE AQUÍ, EN MI PAÍS, HAY GENTE QUE PRESTIGIA NUESTRO NIVEL DE VIDA NO SÓLO ANTE NOSOTROS, SINO ANTE EL MUNDO.

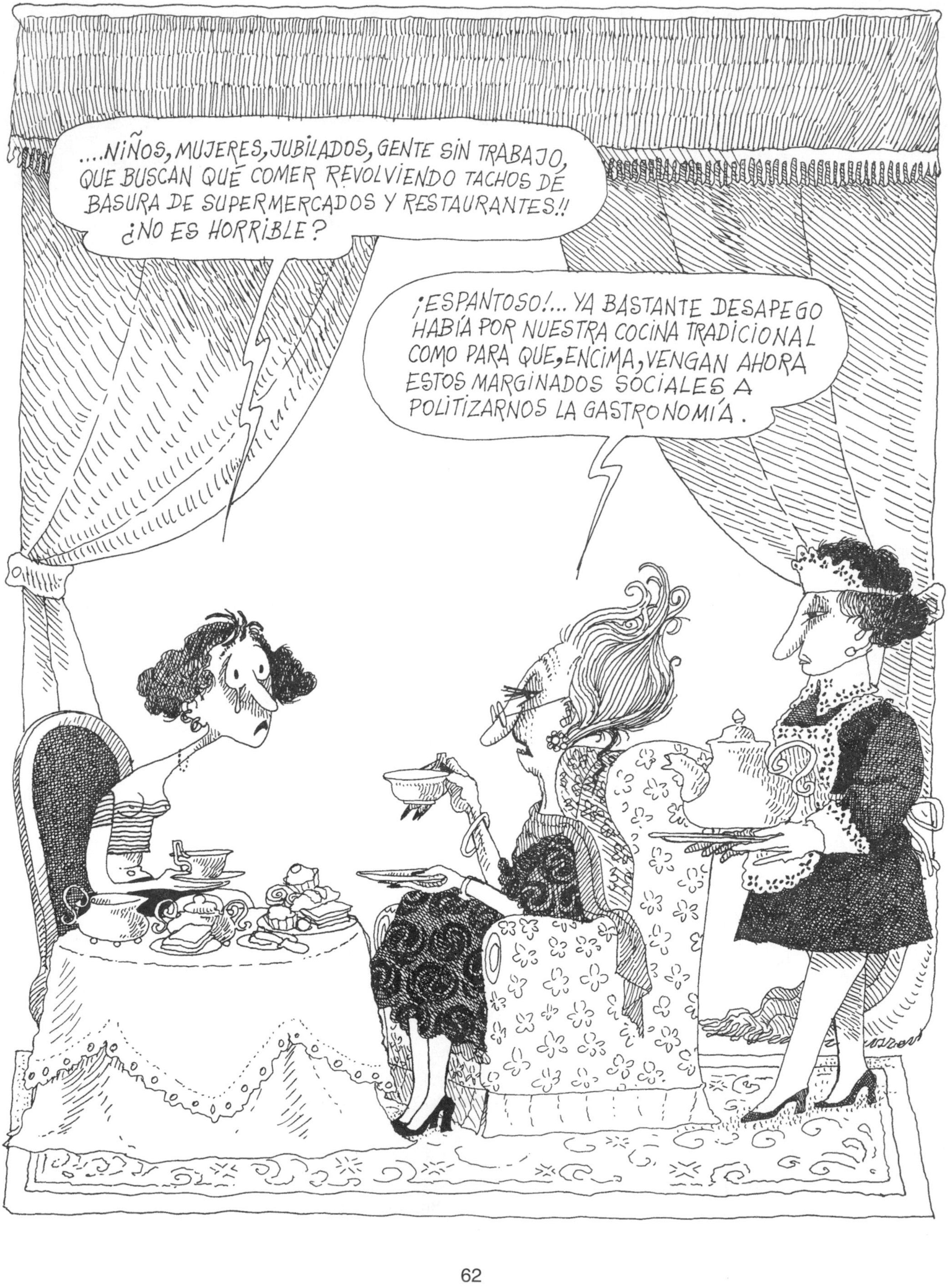
....NIÑOS, MUJERES, JUBILADOS, GENTE SIN TRABAJO, QUE BUSCAN QUÉ COMER REVOLVIENDO TACHOS DE BASURA DE SUPERMERCADOS Y RESTAURANTES!! ¿NO ES HORRIBLE?
¡ESPANTOSO!... YA BASTANTE DESAPEGO HABÍA POR NUESTRA COCINA TRADICIONAL COMO PARA QUE, ENCIMA, VENGAN AHORA ESTOS MARGINADOS SOCIALES A POLITIZARNOS LA GASTRONOMÍA.

~MEDIO ORIENTE: UN ATENTADO CELESTIAL ARRASÓ HOY LAS CIUDADES DE SODOMA Y GOMORRA Y EL PAÍS CONFINANTE CAUSANDO LA MUERTE DE TODOS SUS MORADORES.

 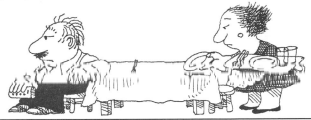  

~ESCÁNDALO EN ROMA: EN EL TRANSCURSO DE UNA FIESTA OFRECIDA POR EL REY RÓMULO, LAS ESPOSAS E HIJAS DE LOS CIUDADANOS SABINOS INVITADOS FUERON RAPTADAS Y, PRESUNTAMENTE, VIOLADAS POR SECUACES DEL PROPIO GOBERNANTE.

~EGIPTO: UNA HORRENDA CADENA DE ASESINATOS EXTERMINÓ ANOCHE A TODO PRIMOGÉNITO DE FAMILIA EGIPCIA, DESDE LA DEL FARAÓN HASTA LA DEL ÚLTIMO SIRVIENTE. IGUAL SUERTE TOCÓ A TODO PRIMERIZO DE ANIMAL. LAS VÍCTIMAS SUMARÍAN DECENAS DE MILES EN TOD...¡CLICK!

AH, DOS PLATOS... ¿LA NENA NO CENA?   NO DUERME EN CASA.

¡AH! ¿Y HÓNDHE HUEBME?   NO DIJO.

¡¡"NO DIJO"!!...¡¿Y SABRÁ ESA INCONSCIENTE LOS TIEMPOS QUE CORREN Y TODAS LAS BARBARIDADES QUE SUCEDEN HOY EN ESTE MUNDO, DIGO YO?!!

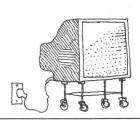 

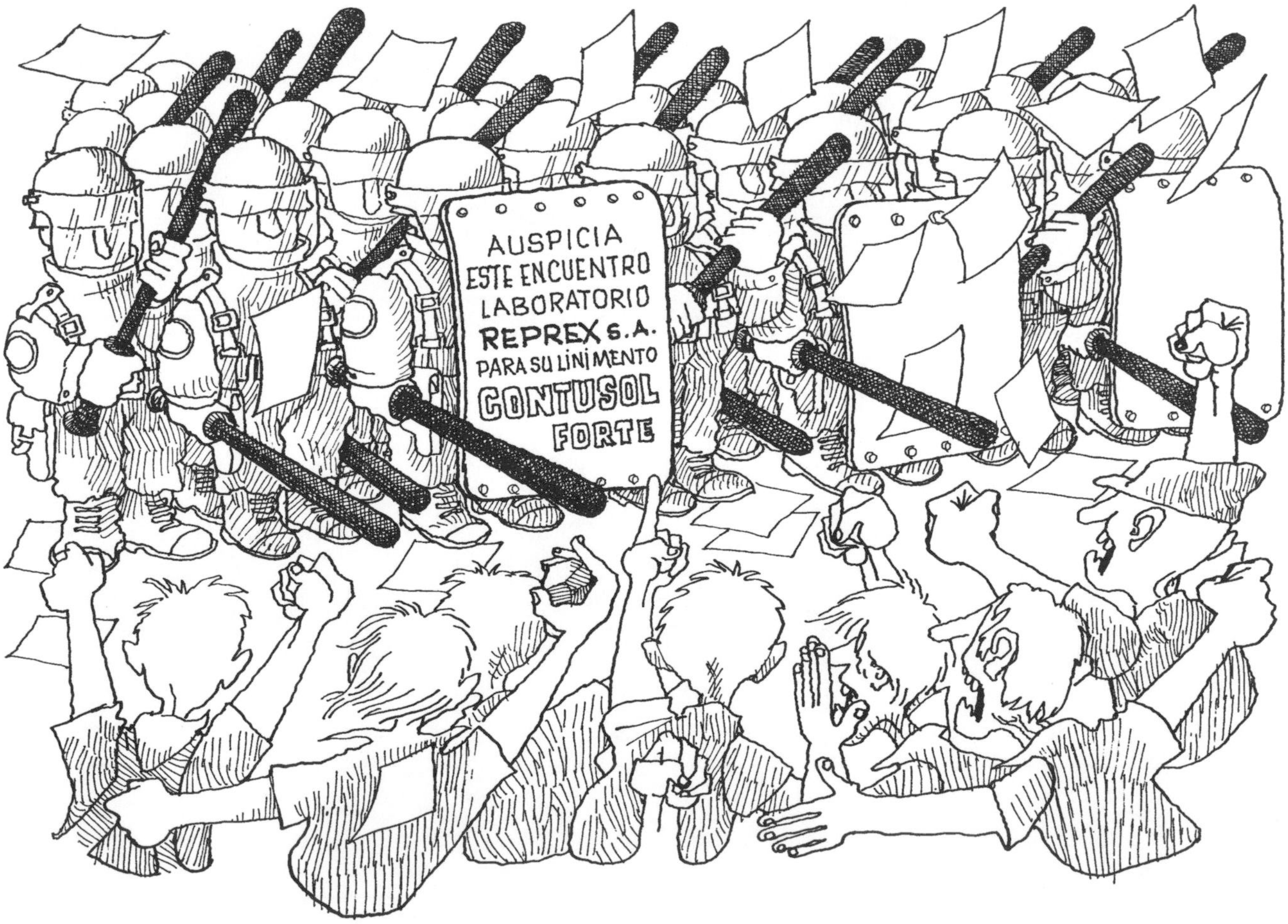
AUSPICIA
ESTE ENCUENTRO
LABORATORIO
REPREX S.A.
PARA SU LINIMENTO
CONTUSOL
FORTE

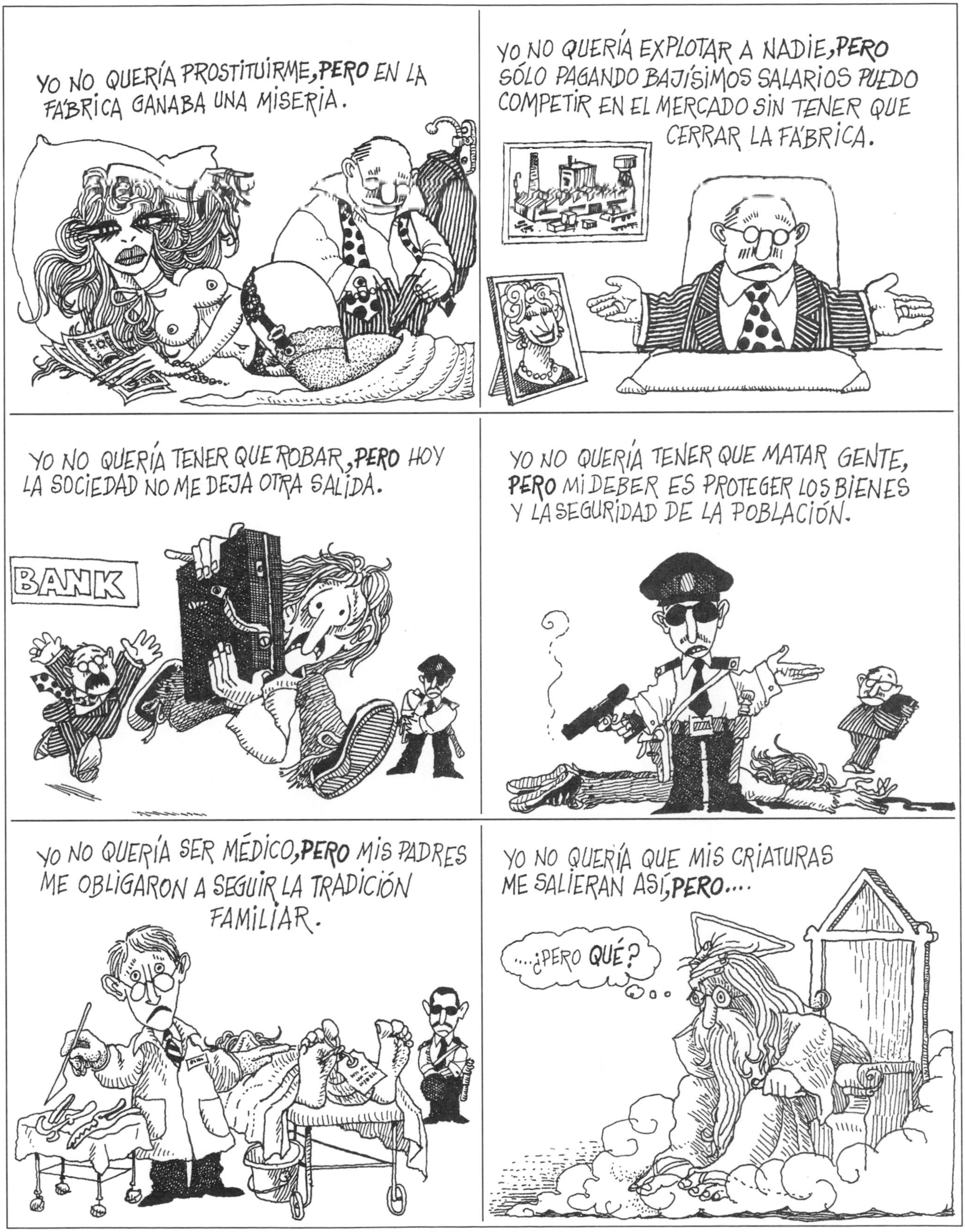

YO NO QUERÍA PROSTITUIRME, **PERO** EN LA FÁBRICA GANABA UNA MISERIA.
YO NO QUERÍA EXPLOTAR A NADIE, **PERO** SÓLO PAGANDO BAJÍSIMOS SALARIOS PUEDO COMPETIR EN EL MERCADO SIN TENER QUE CERRAR LA FÁBRICA.
YO NO QUERÍA TENER QUE ROBAR, **PERO** HOY LA SOCIEDAD NO ME DEJA OTRA SALIDA.
BANK
YO NO QUERÍA TENER QUE MATAR GENTE, **PERO** MI DEBER ES PROTEGER LOS BIENES Y LA SEGURIDAD DE LA POBLACIÓN.
YO NO QUERÍA SER MÉDICO, **PERO** MIS PADRES ME OBLIGARON A SEGUIR LA TRADICIÓN FAMILIAR.
YO NO QUERÍA QUE MIS CRIATURAS ME SALIERAN ASÍ, **PERO**....
....¿PERO **QUÉ**?

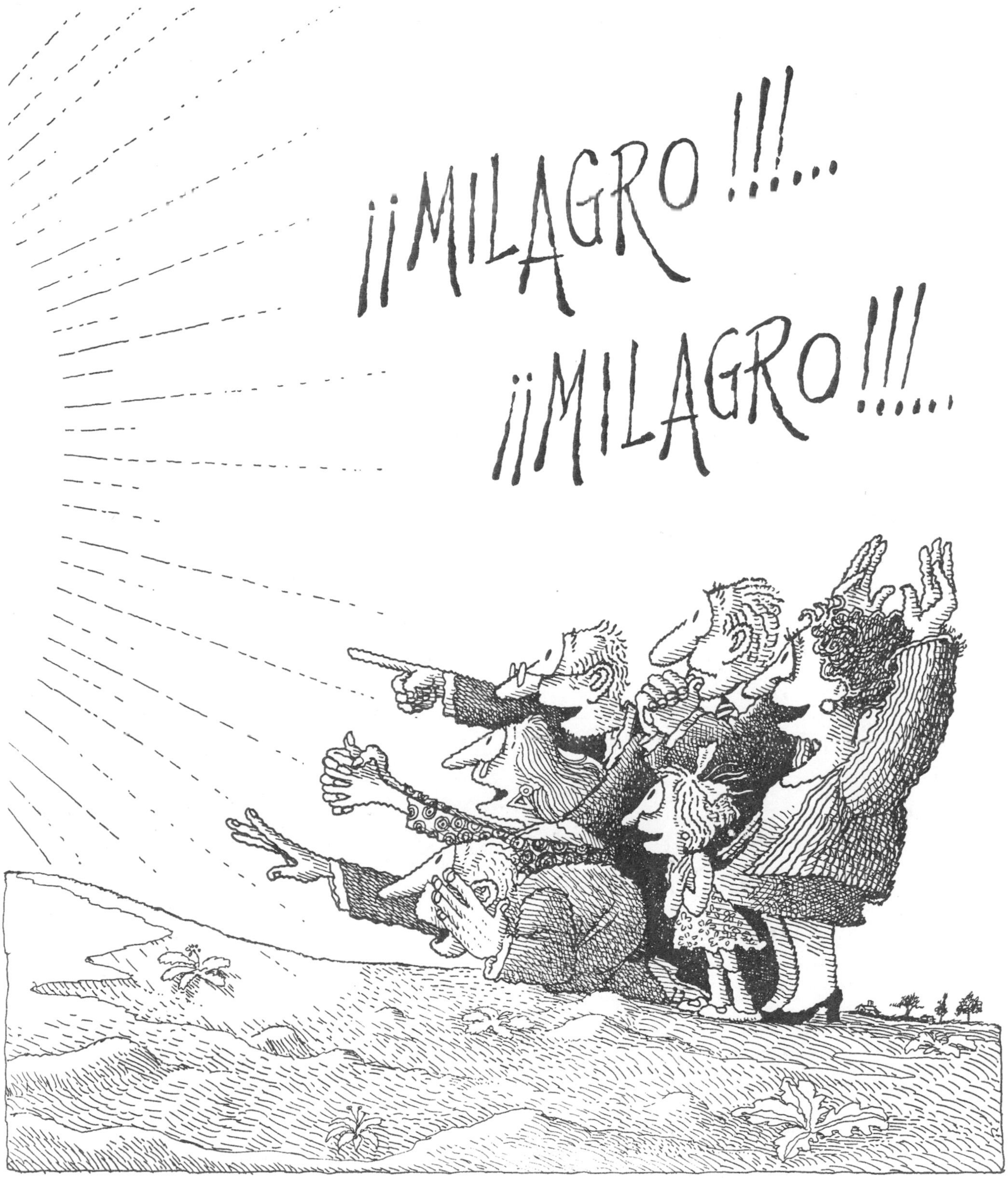
¡¡MILAGRO!!!...
¡¡MILAGRO!!!...

⇦ EL MILAGRO APARECE EN LA PÁGINA DE LA IZQUIERDA.
SI USTED NO LOGRA VERLO ES PORQUE PONE POCA FE; INSISTA.

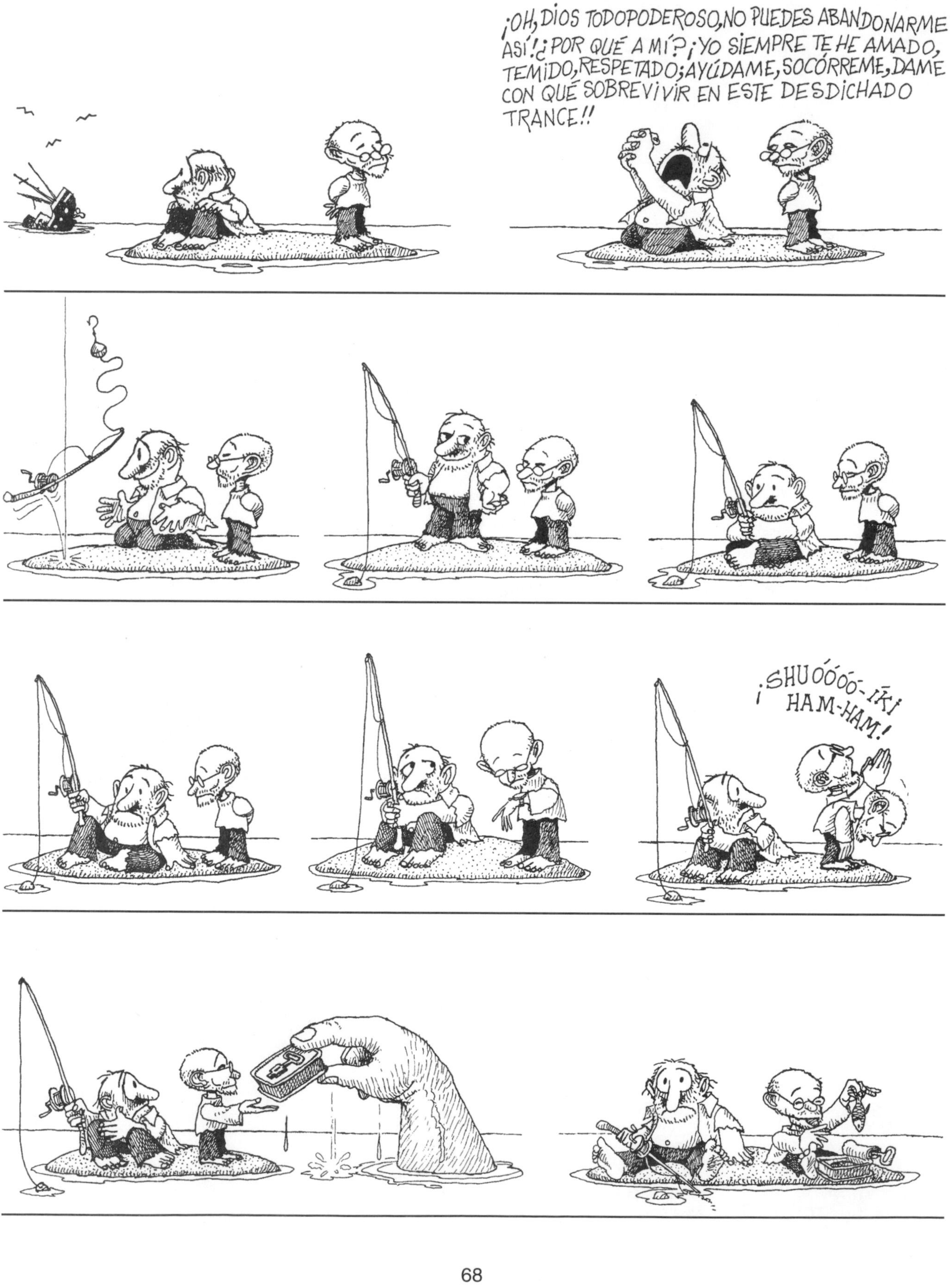
¡OH, DIOS TODOPODEROSO, NO PUEDES ABANDONARME ASÍ! ¿POR QUÉ A MÍ? ¡YO SIEMPRE TE HE AMADO, TEMIDO, RESPETADO; AYÚDAME, SOCÓRREME, DAME CON QUÉ SOBREVIVIR EN ESTE DESDICHADO TRANCE!!
¡SHUÓÓÓÓ-IKI HAM-HAM!

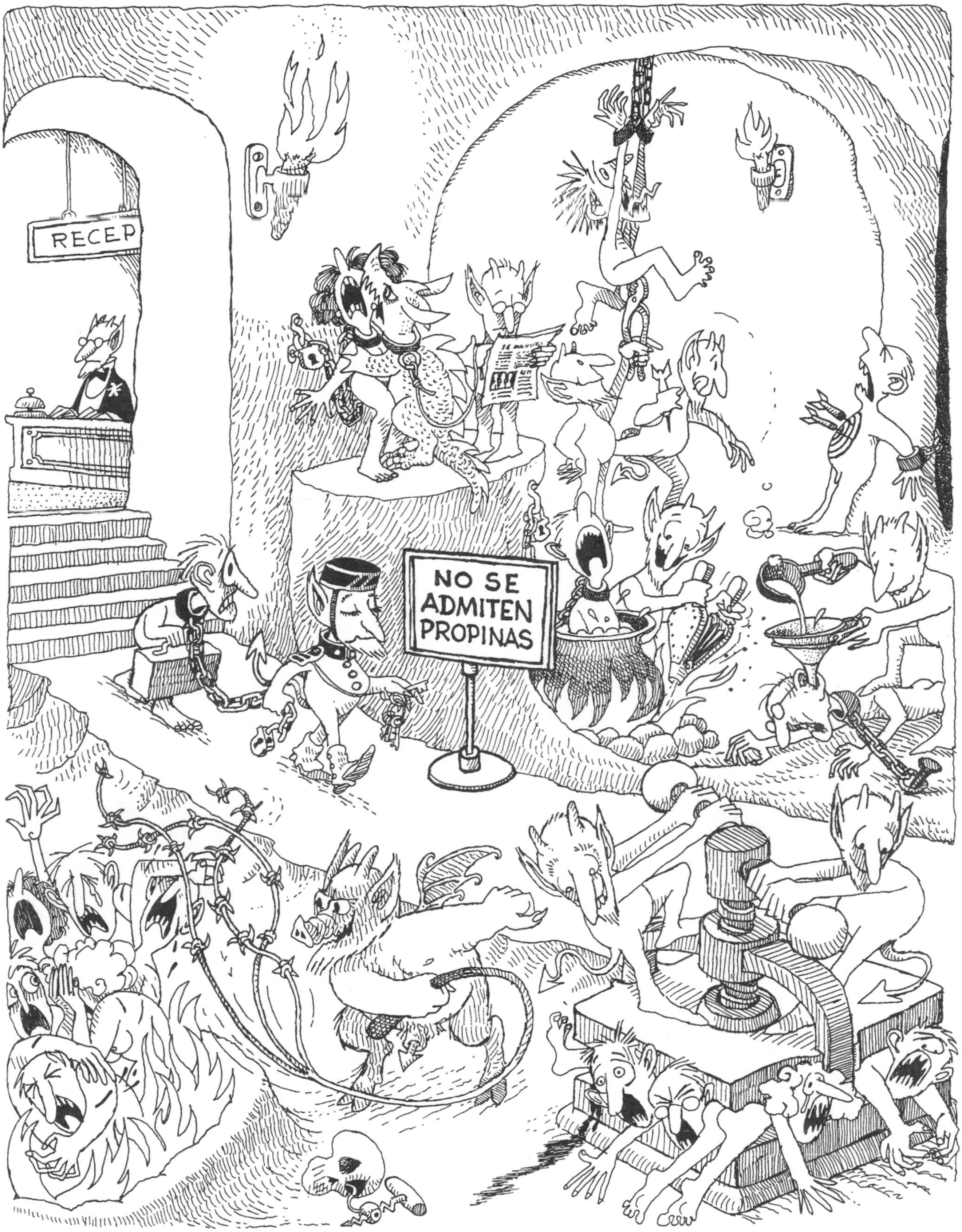
RECEP
NO SE
ADMITEN
PROPINAS

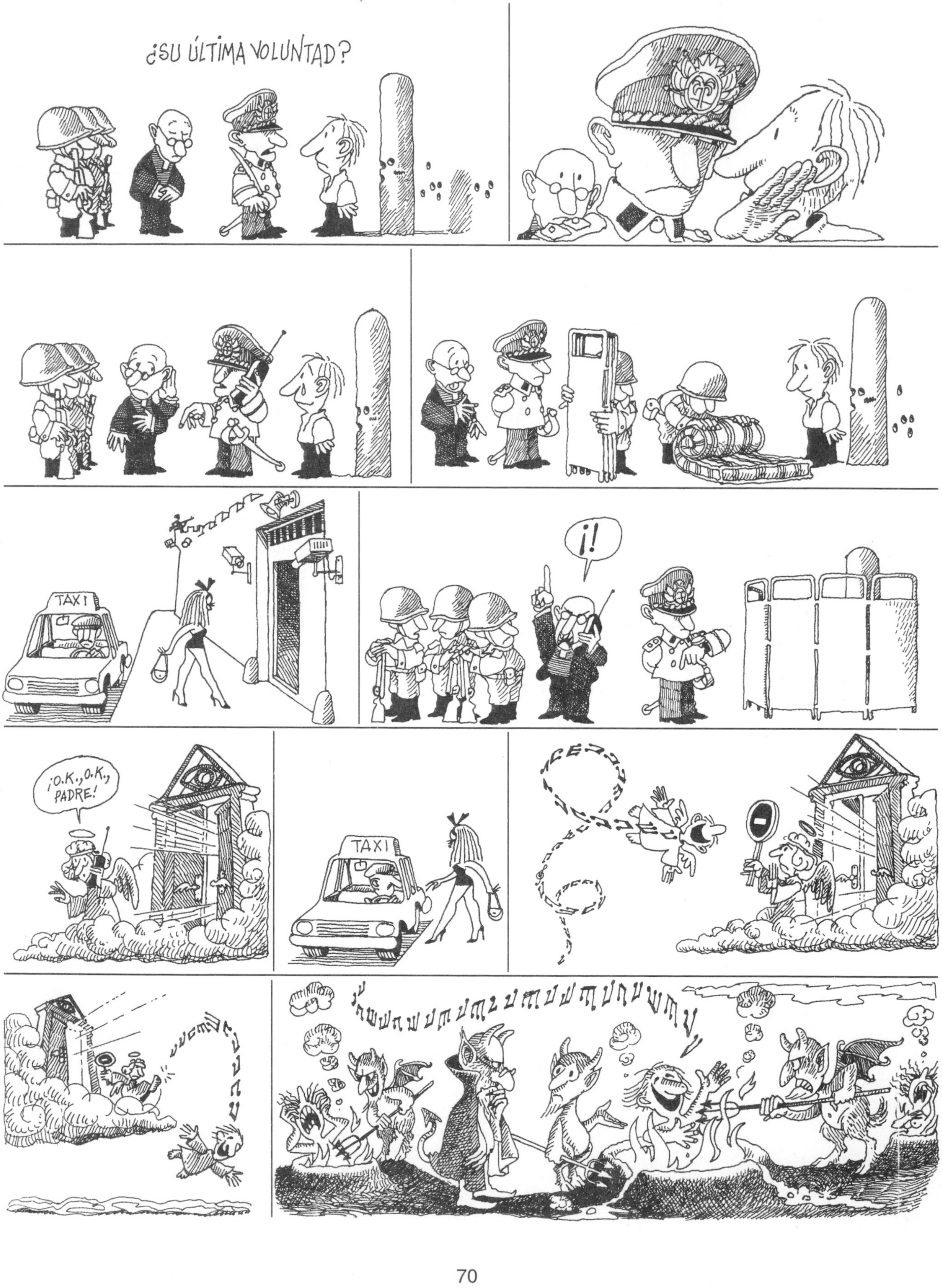
¿SU ÚLTIMA VOLUNTAD?
¡!
TAXI
¡O.K., O.K., PADRE!
TAXI

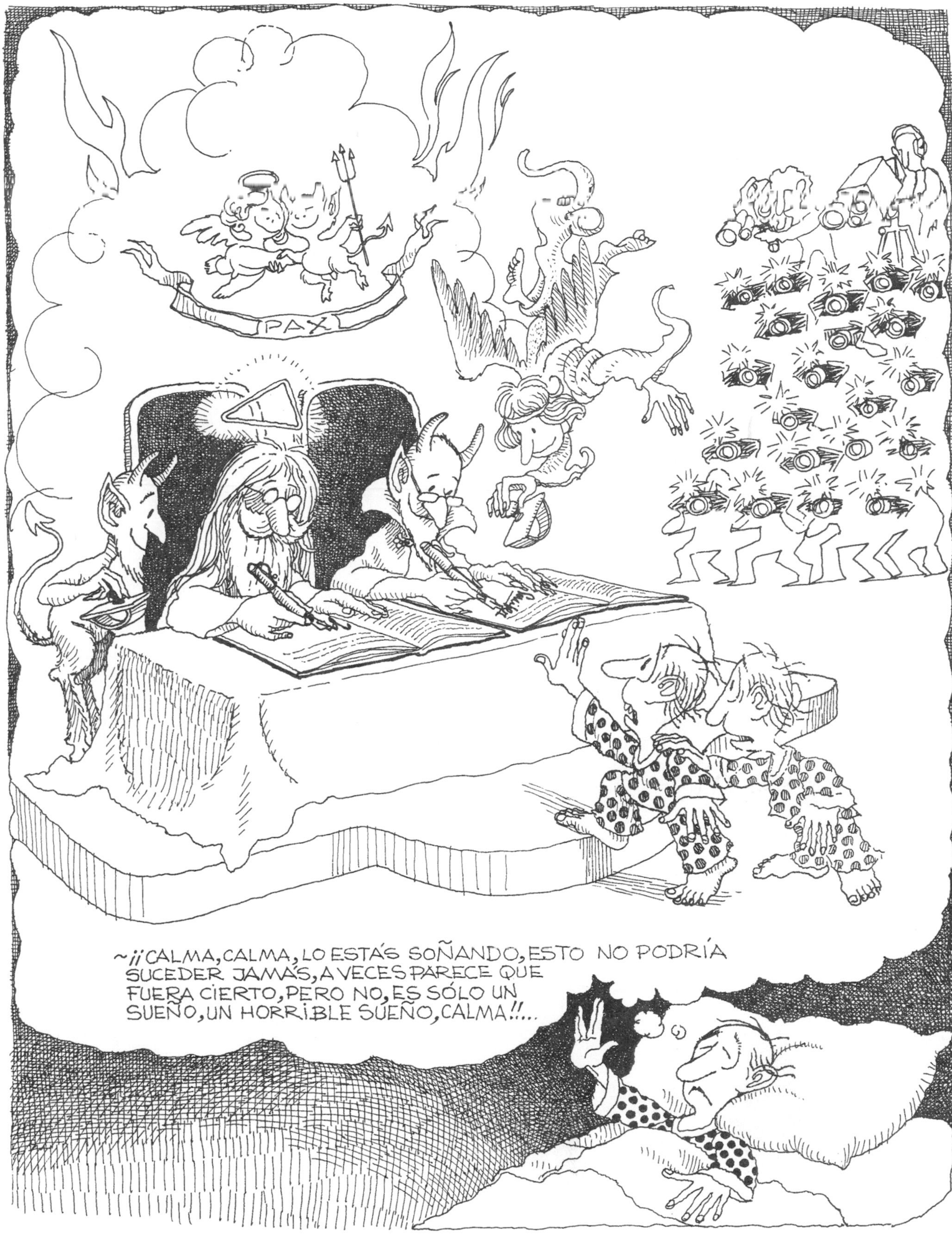
PAX
~¡¡CALMA, CALMA, LO ESTÁS SOÑANDO, ESTO NO PODRÍA SUCEDER JAMÁS, A VECES PARECE QUE FUERA CIERTO, PERO NO, ES SÓLO UN SUEÑO, UN HORRIBLE SUEÑO, CALMA!!...

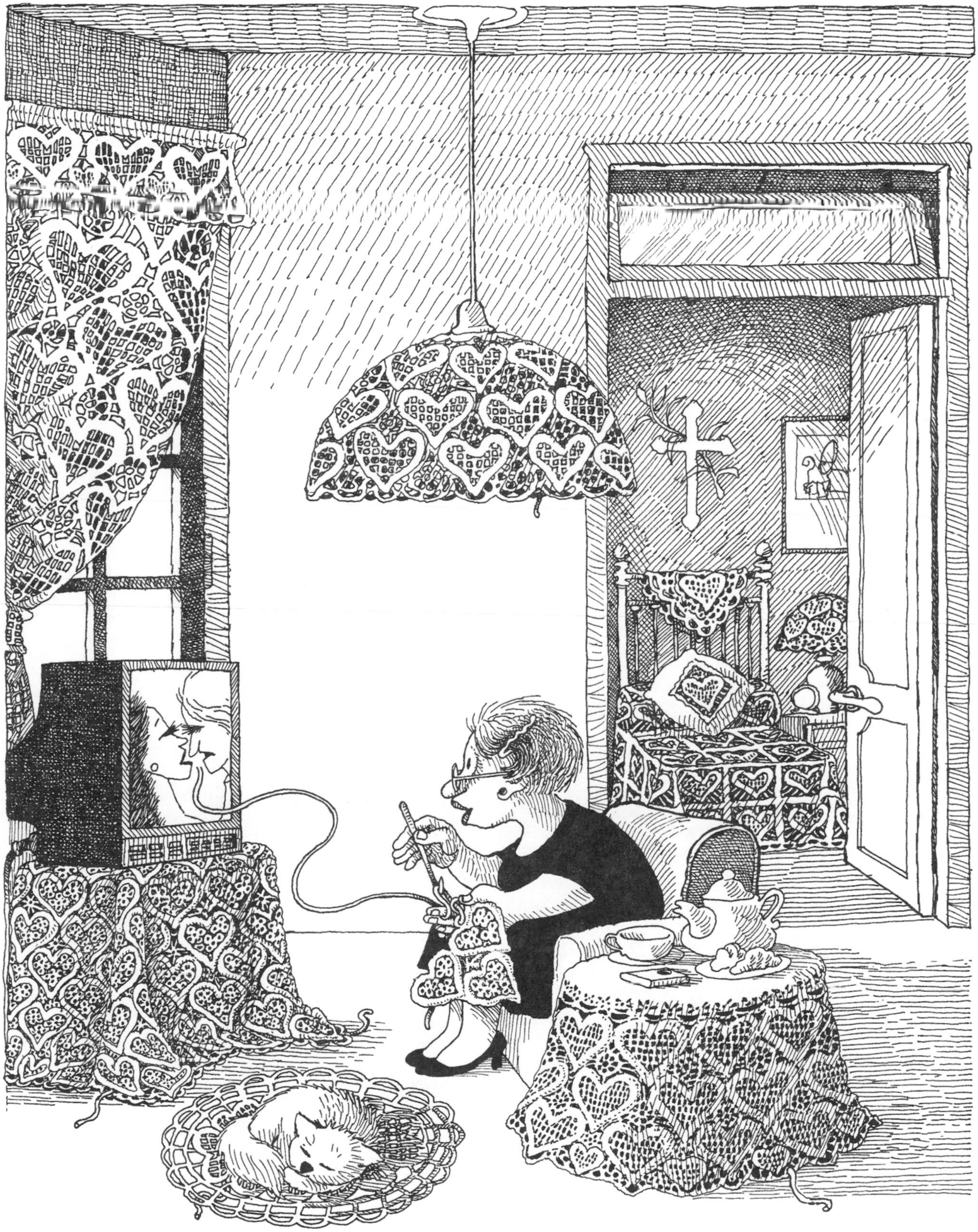

—¡¡OTTTRA VEZ LA MALDITA INTERFERENCIA DEL MALDITO CANAL CULTURAL!!

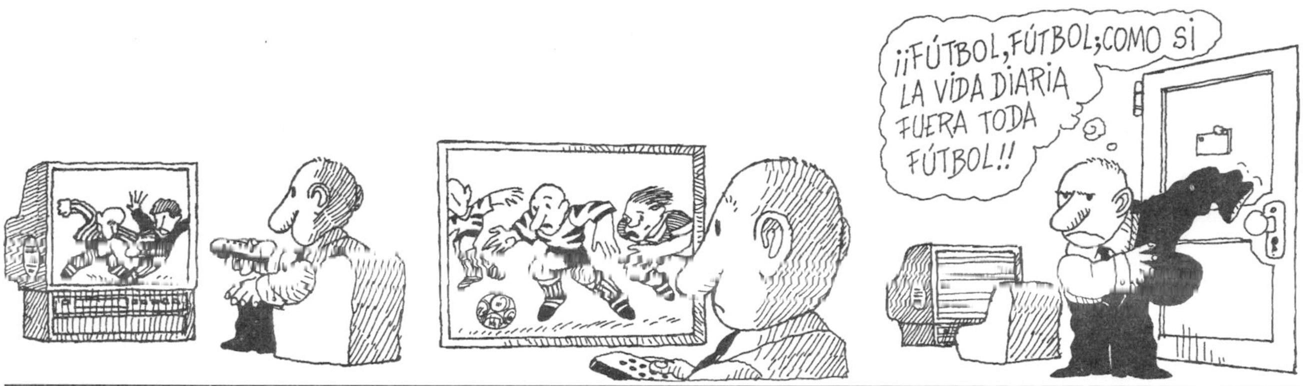
¡¡FÚTBOL, FÚTBOL; COMO SI LA VIDA DIARIA FUERA TODA FÚTBOL!!

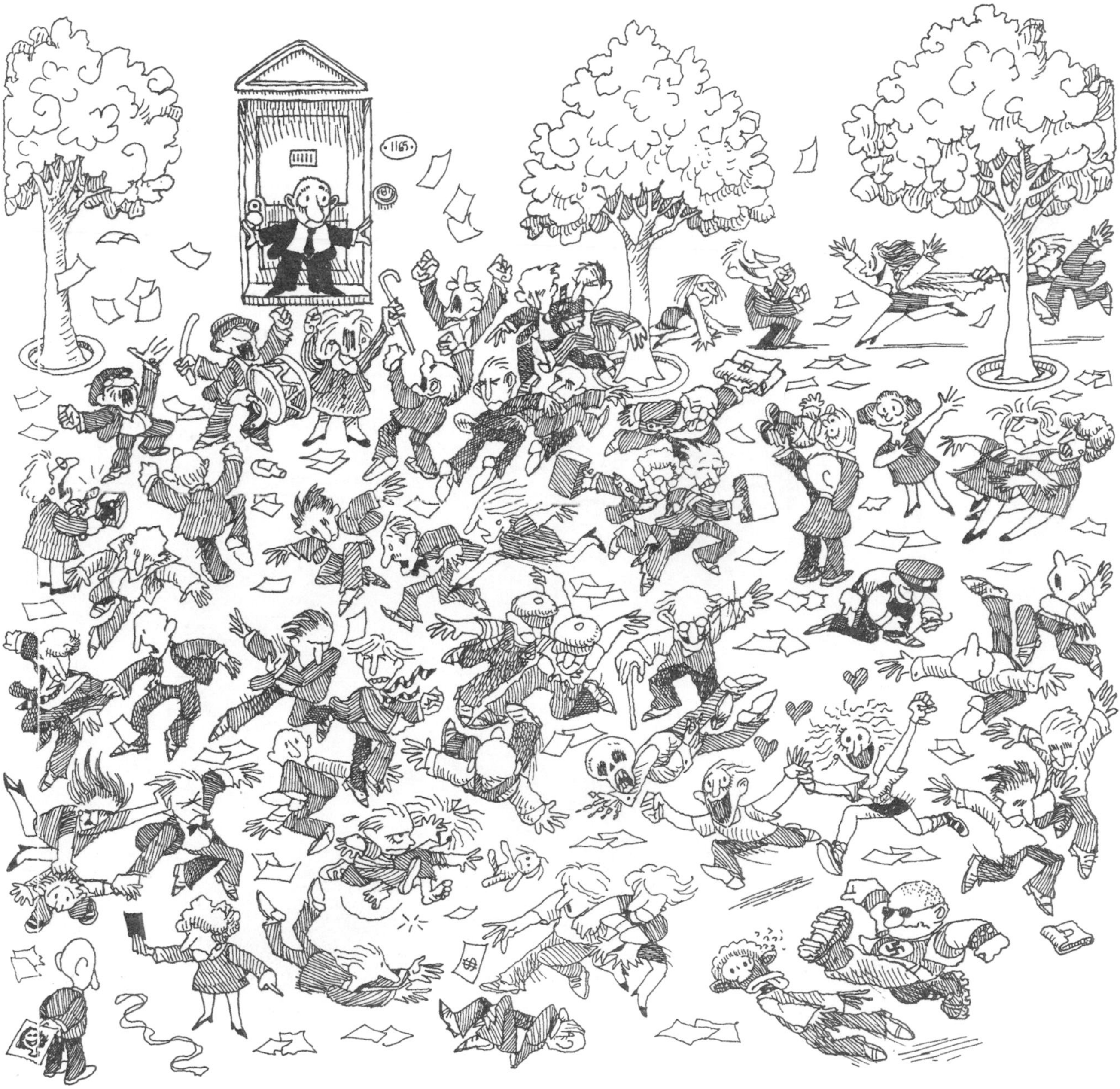

~ ¡¡CRIATURITA DE DIOS.!!.. ¡LA MISMA POSTURA QUE EN LA ECOGRAFÍA, QUE NO NOS DEJABA SABER SI ERA NENA O QUÉ!

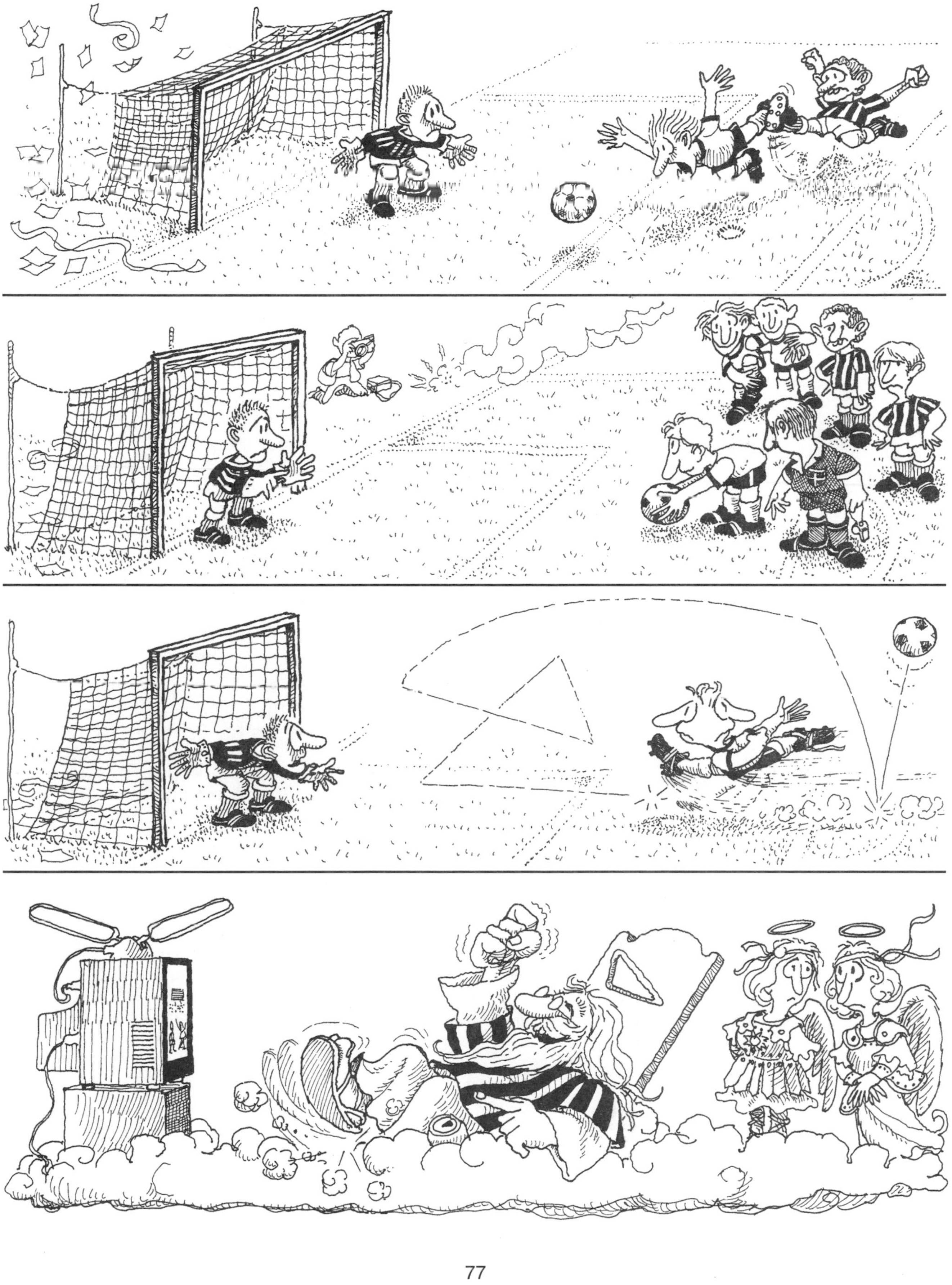

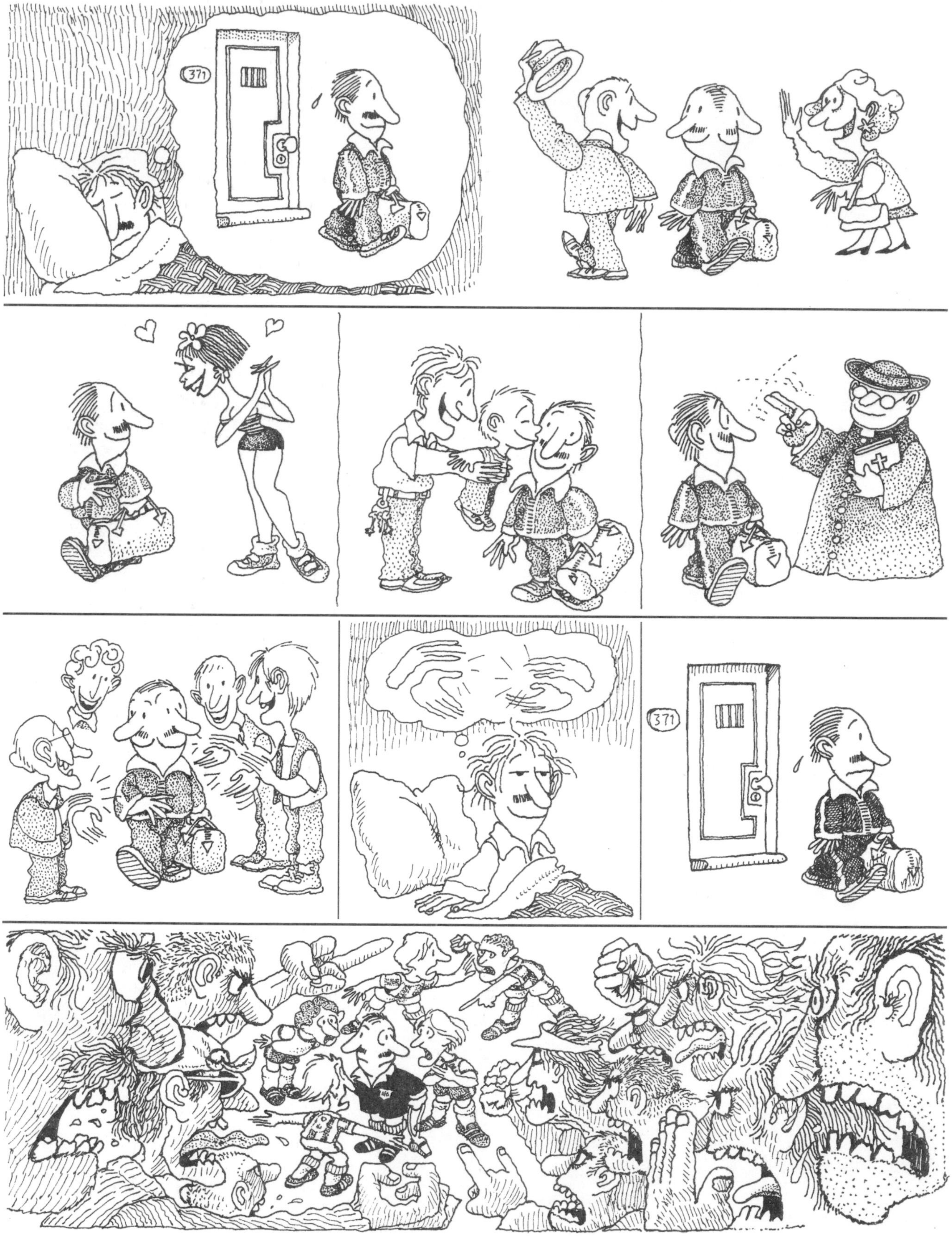
371
371

SEÑOR DIRECTOR, SU REUNIÓN DE GERENTES.

SR. DIRECTOR, SU ALMUERZO CON EMPRESARIOS JAPONESES.

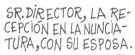
AKÍ KALNE MUY TIELNA. ECONOMÍA MUY DULA. UTEDES BAJAL PLECIOS Y NOSOTLOS COMPLAL TAKA-TAKA, ¿SÍÍÍ?

¡HÍ-HÍ-HÍ!!

SR. DIRECTOR, LA RECEPCIÓN EN LA NUNCIATURA, CON SU ESPOSA.

SR. DIRECTOR, SU PARTIDA DE TENIS CON EL SR. VICE MINISTRO.

¡¡BÓNK!!

79

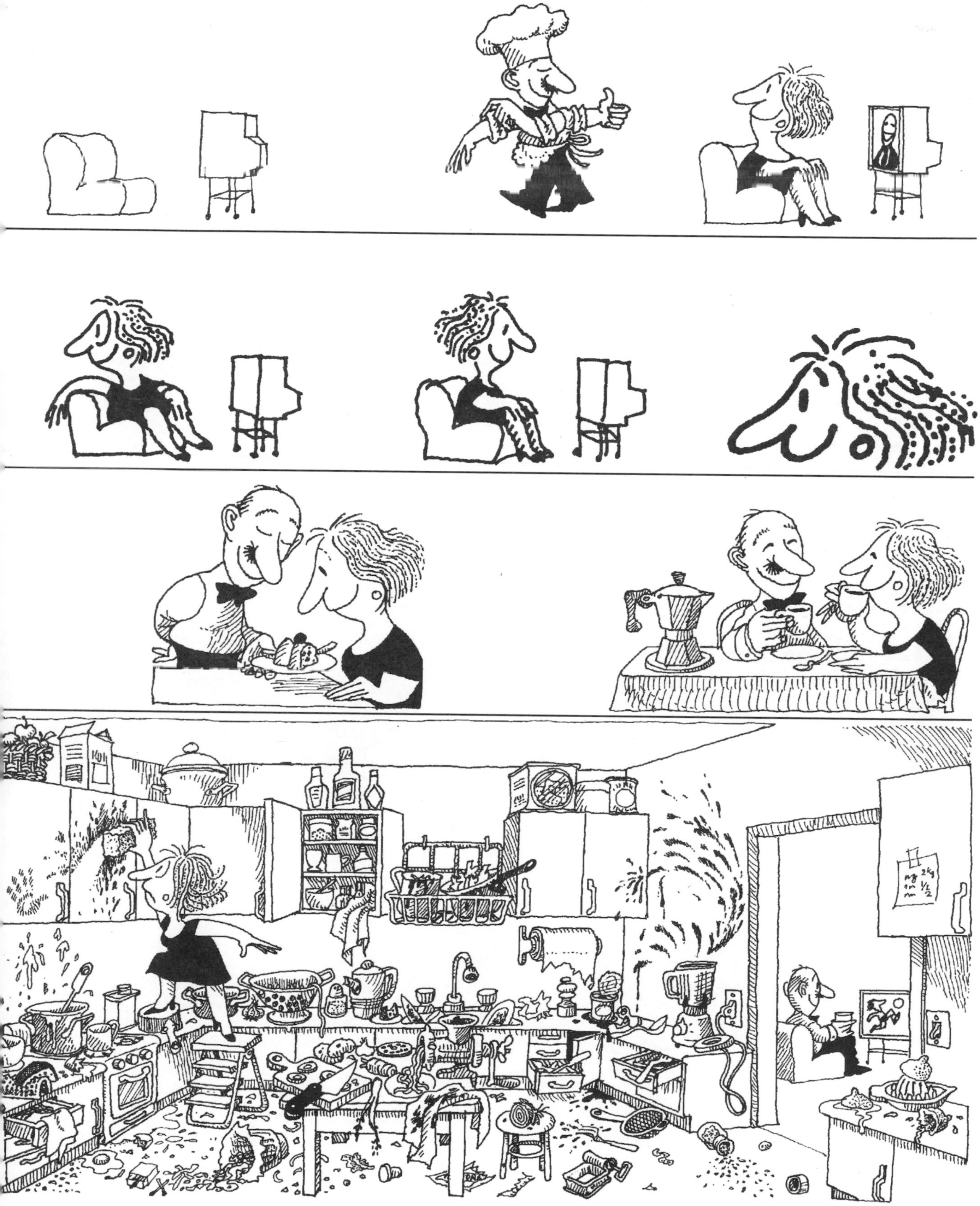

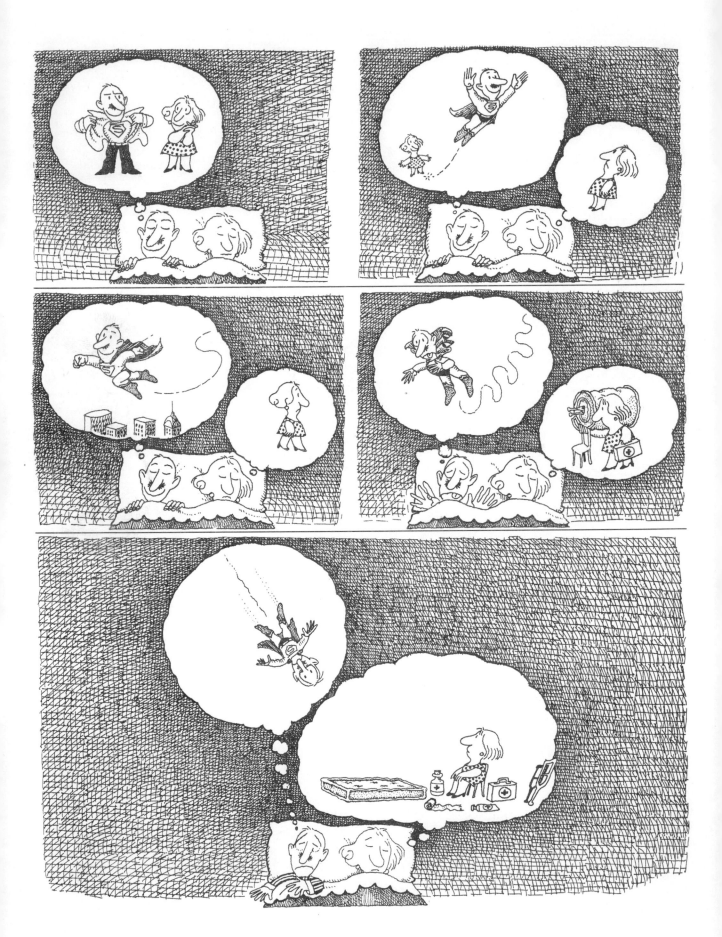

"POLVO, VIAJERO DEL AIRE,
¿ME PODRÍAS TÚ LLEVAR..... . . . . .

...A BUSCAR MIS ILUSIONES
POR LA VERITA DEL MAR?"

¡SNÍIFGH! ¡YO QUERÍA SER ACTRIZ,
PERO MI PADRE DIJO: "TE PREFIERO
MUERTA ANTES QUE PUT.!

¡SIEMPRE CONTÁNDOME ESA
MISMA HISTORIA, MUJER.!!
¡¡BASTA!!

TENEMOS TODO PARA SER FELICES:
UN HOGAR, HIJOS SANOS, COCHE,
MICROONDAS,...¿QUÉ TE FALTA?

¡MIS ILUSIONES POR LA VERITA
DEL MAR! ¡¡ESO ME FALTA!!
¡¡WUUUHA'AA'AH!!...

¡SANTO DIOS, TAL VEZ
UN TRAGO ME AYUDE
A ENTENDER!

¡GRACIAS! ESTEEEM...DISCULPE,
UNA PREGUNTA....

¿USTED ALGUNA VEZ INTENTÓ
COMPRENDER A
UNA MUJER?

NO, SEÑOR, SIEMPRE FUI
CAMARERO.

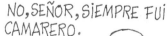

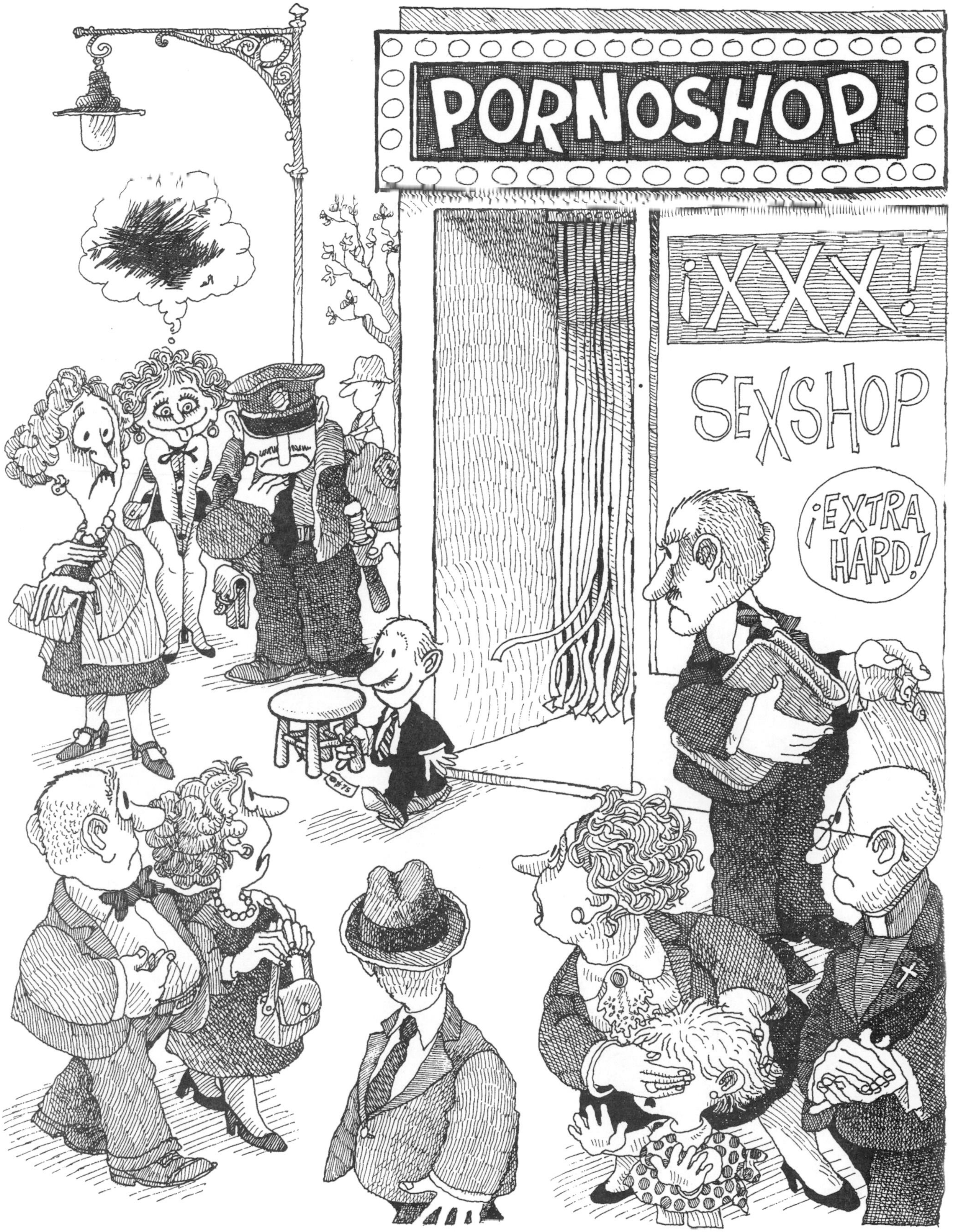
PORNOSHOP
¡XXX!
SEXSHOP
¡EXTRA HARD!

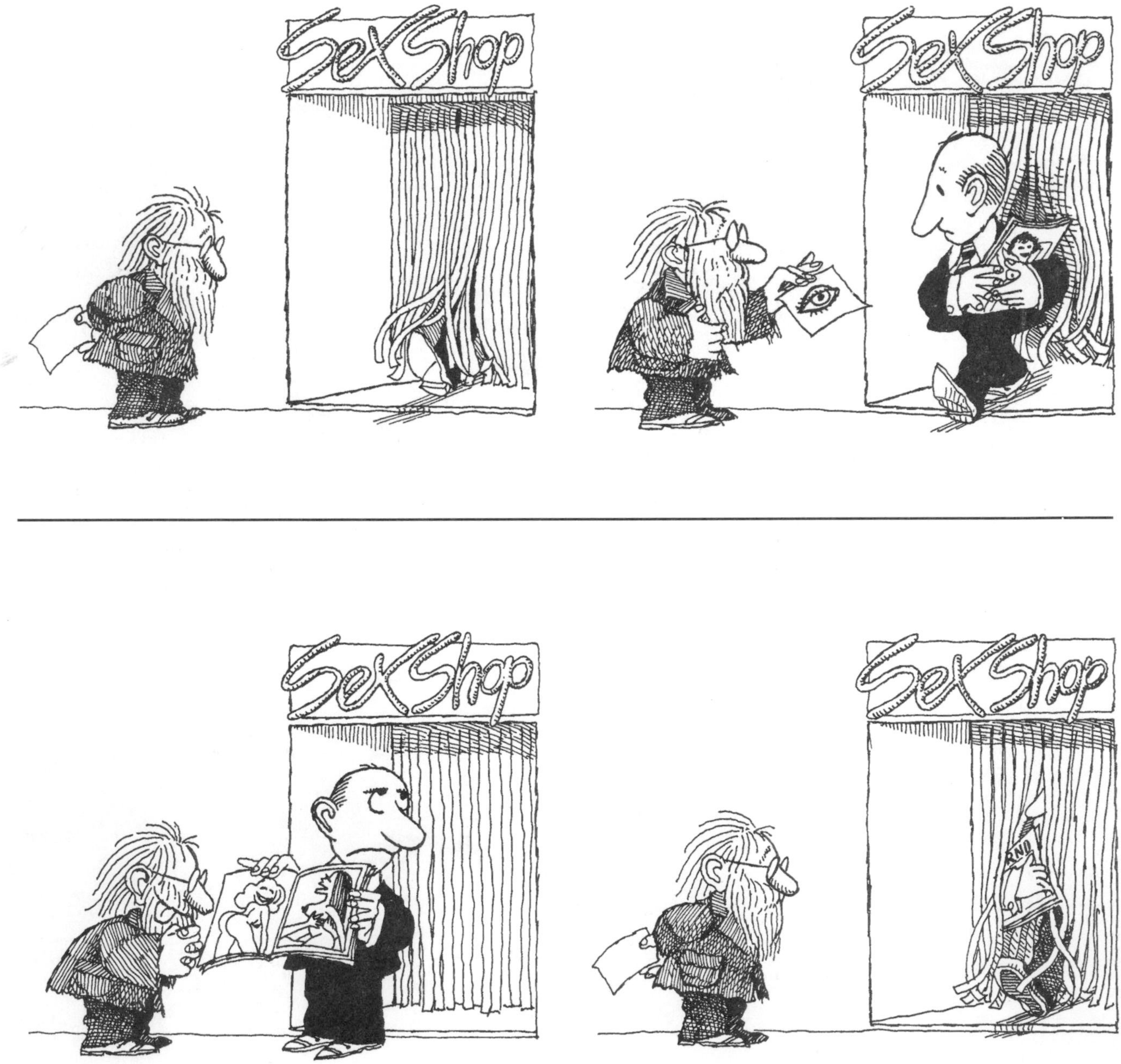
Sex Shop
Sex Shop
Sex Shop
Sex Shop

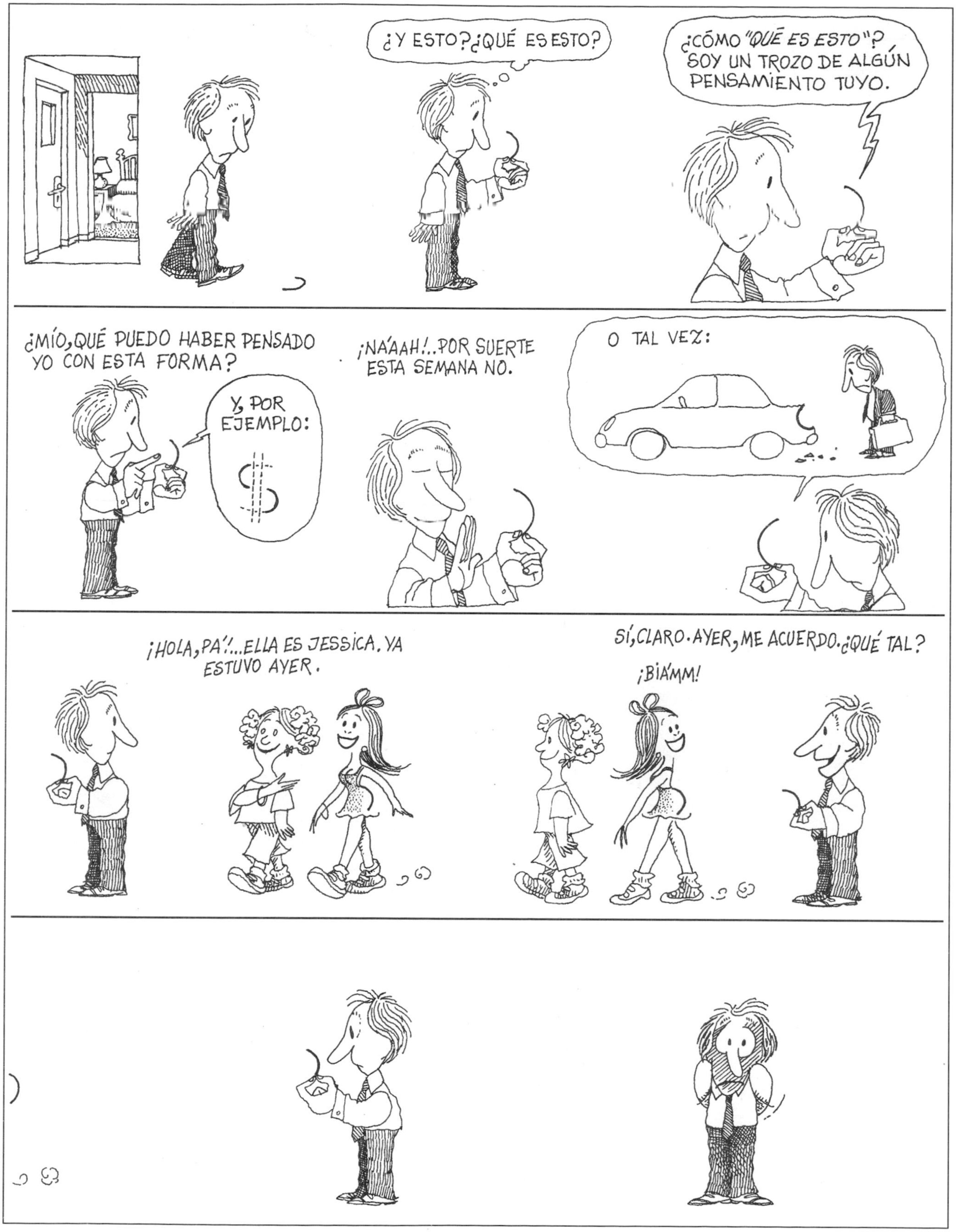
¿Y ESTO? ¿QUÉ ES ESTO?
¿CÓMO "QUÉ ES ESTO"? SOY UN TROZO DE ALGÚN PENSAMIENTO TUYO.
¿MÍO, QUÉ PUEDO HABER PENSADO YO CON ESTA FORMA?
Y, POR EJEMPLO:
¡NA'AAH!.. POR SUERTE ESTA SEMANA NO.
O TAL VEZ:
¡HOLA, PA'!...ELLA ES JESSICA. YA ESTUVO AYER.
SÍ, CLARO. AYER, ME ACUERDO. ¿QUÉ TAL?
¡BIAMM!

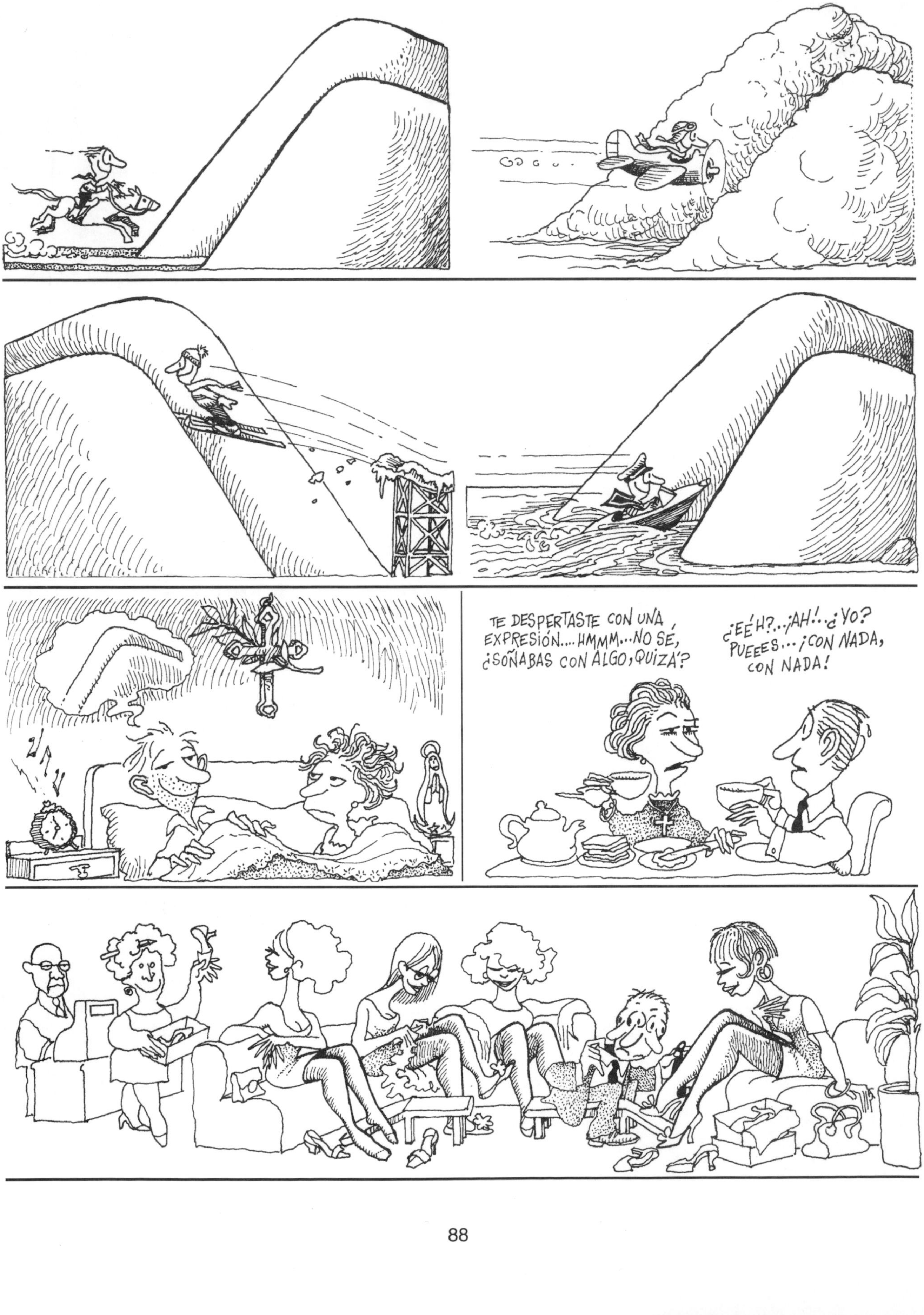
TE DESPERTASTE CON UNA EXPRESIÓN.... HMMM... NO SÉ, ¿SOÑABAS CON ALGO, QUIZÁ?
¿EEÉH?... ¡AH!... ¿YO? PUEEES... ¡CON NADA, CON NADA!

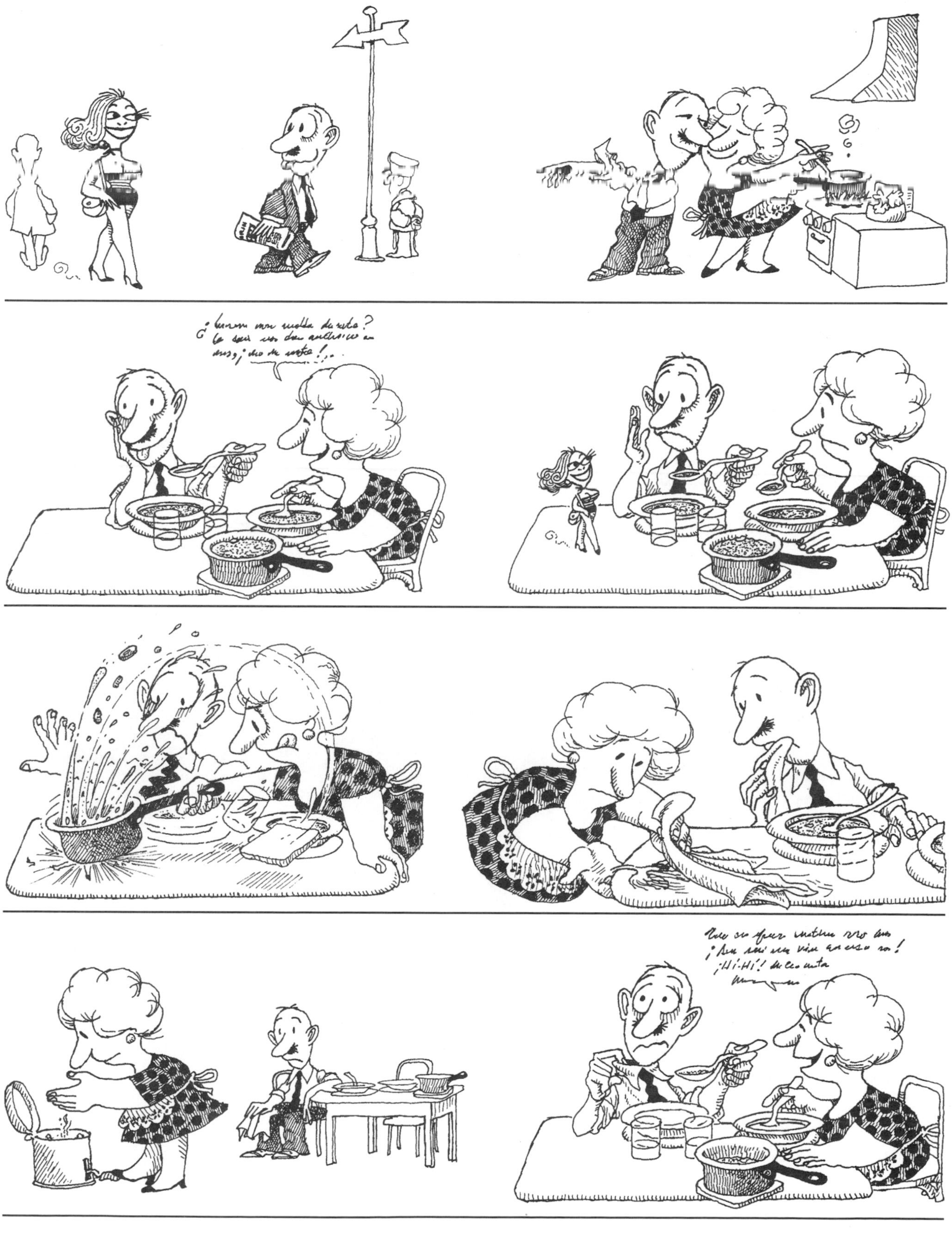
¡HI-HI!

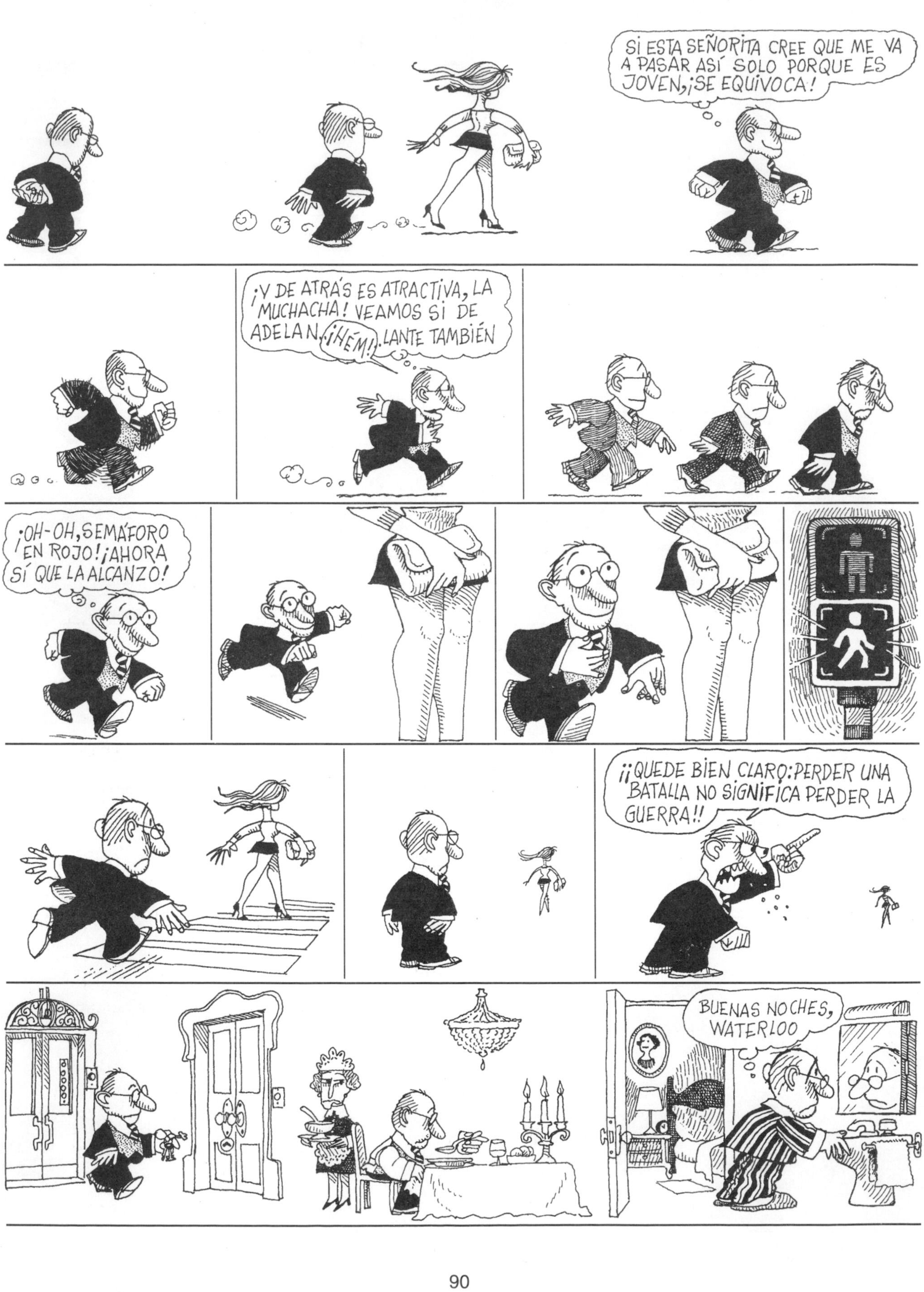
SI ESTA SEÑORITA CREE QUE ME VA A PASAR ASÍ SOLO PORQUE ES JOVEN, ¡SE EQUIVOCA!
¡Y DE ATRÁS ES ATRACTIVA, LA MUCHACHA! VEAMOS SI DE ADELAN..¡HÉM!..LANTE TAMBIÉN
¡OH-OH, SEMÁFORO EN ROJO! ¡AHORA SÍ QUE LA ALCANZO!
¡¡QUEDE BIEN CLARO: PERDER UNA BATALLA NO SIGNIFICA PERDER LA GUERRA!!
BUENAS NOCHES, WATERLOO

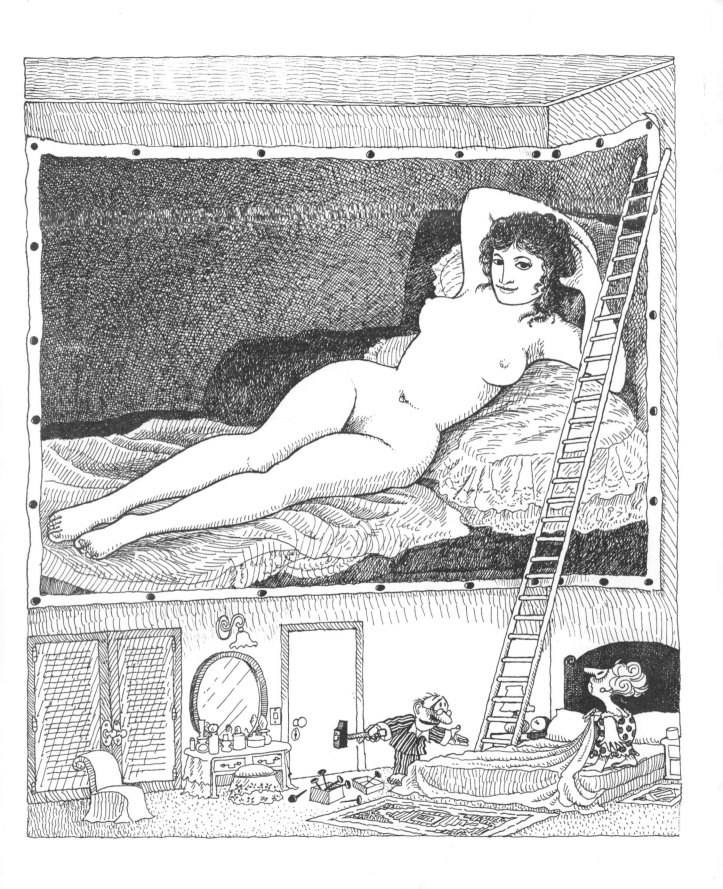

~PERO MUJER,.....¡¡¡ GOYA!!!

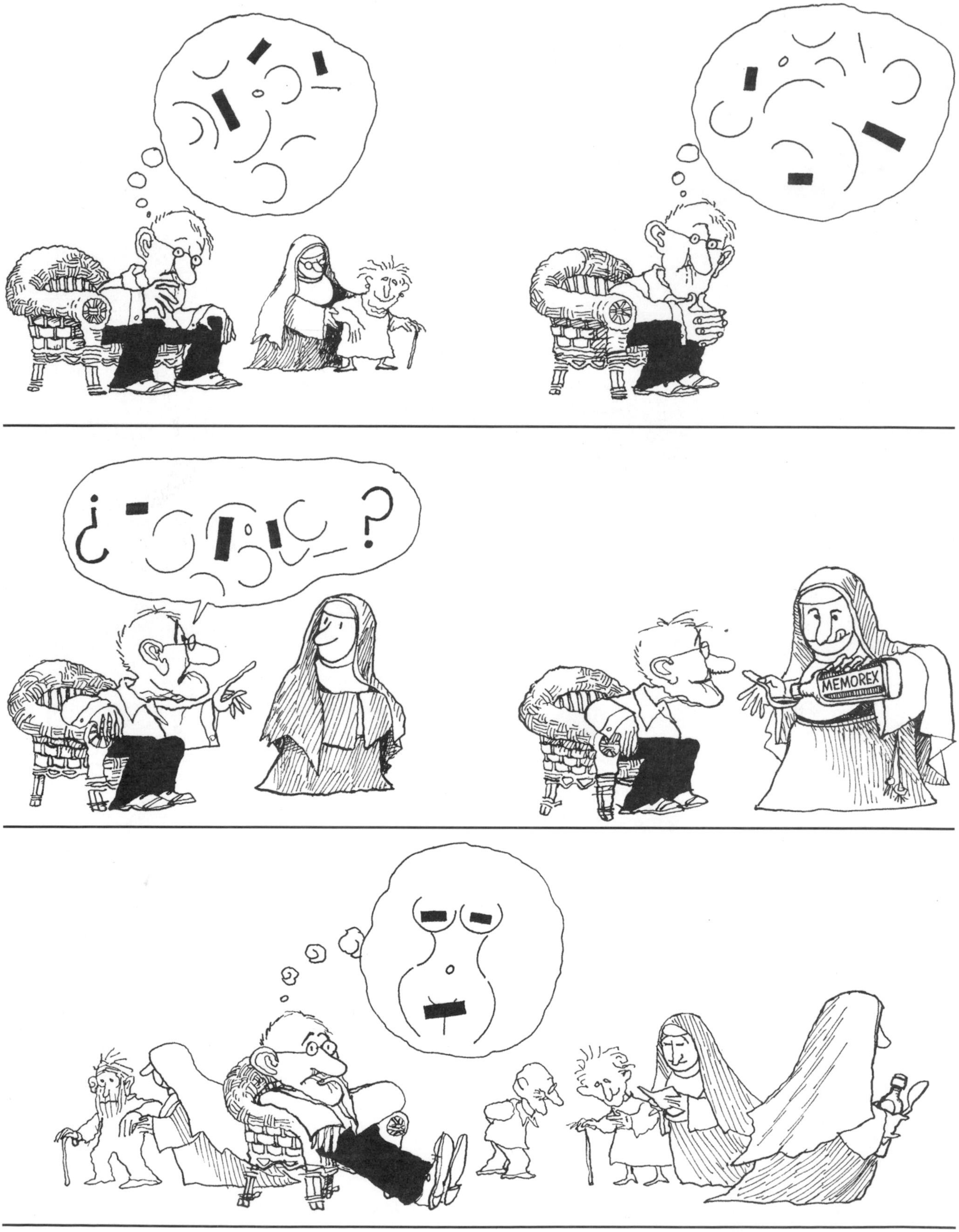
MEMOREX

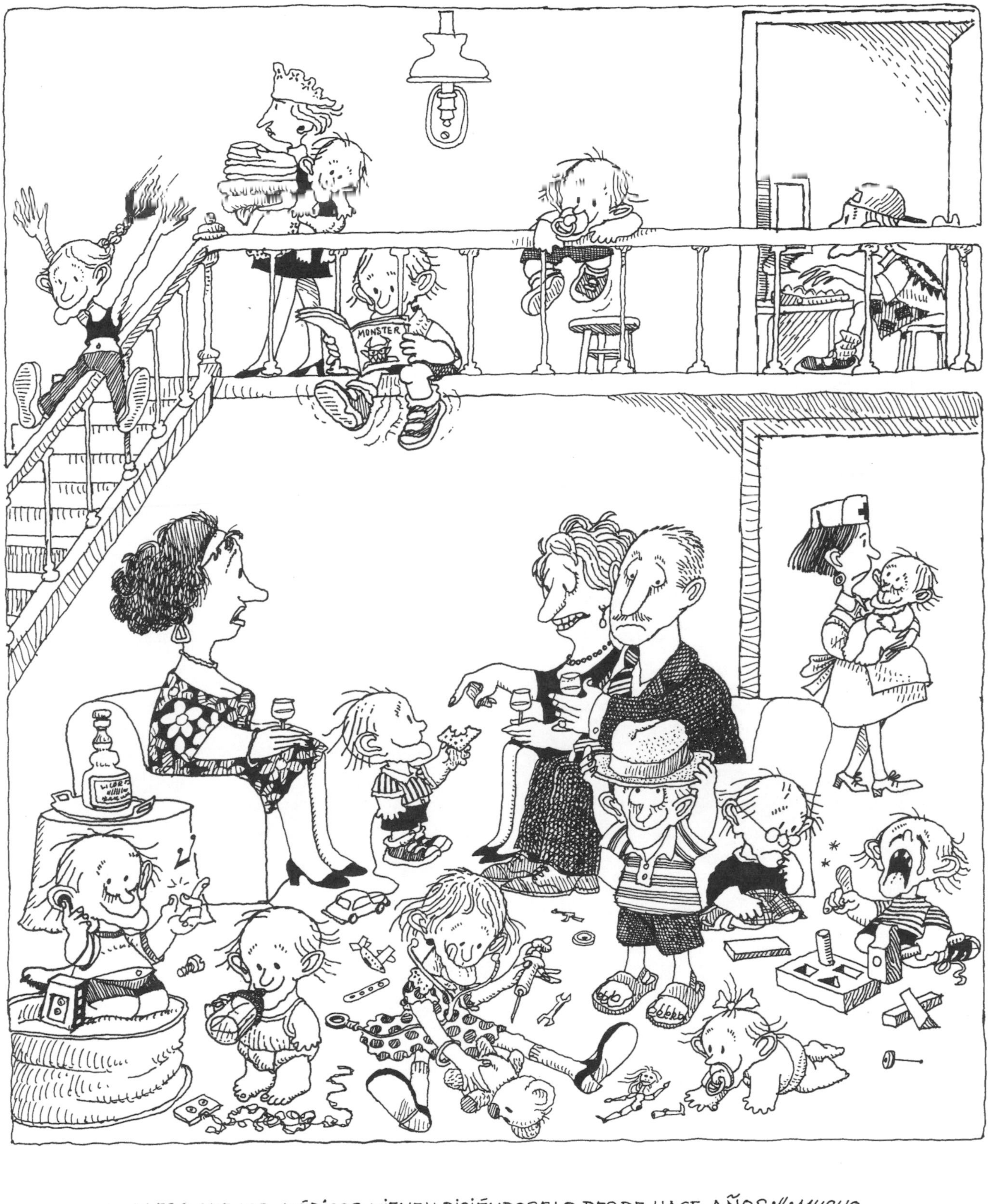
MONSTER

—...Y ESO QUE LOS MÉDICOS VIENEN DICIÉNDOSELO DESDE HACE AÑOS: "¡*MUCHO CUIDADO CON EL SEXO, ABUELO, MIRE QUE A SU EDAD...!*" PERO EL ABUELO,.. ¡NADA!.. HAY QUE ADMITIR, ADEMÁS, QUE LA IDEA DE PONERLE TURNOS DE ENFERMERAS PARA TENERLO CONTROLADO NO RESULTÓ TAMPOCO MUY FELIZ.

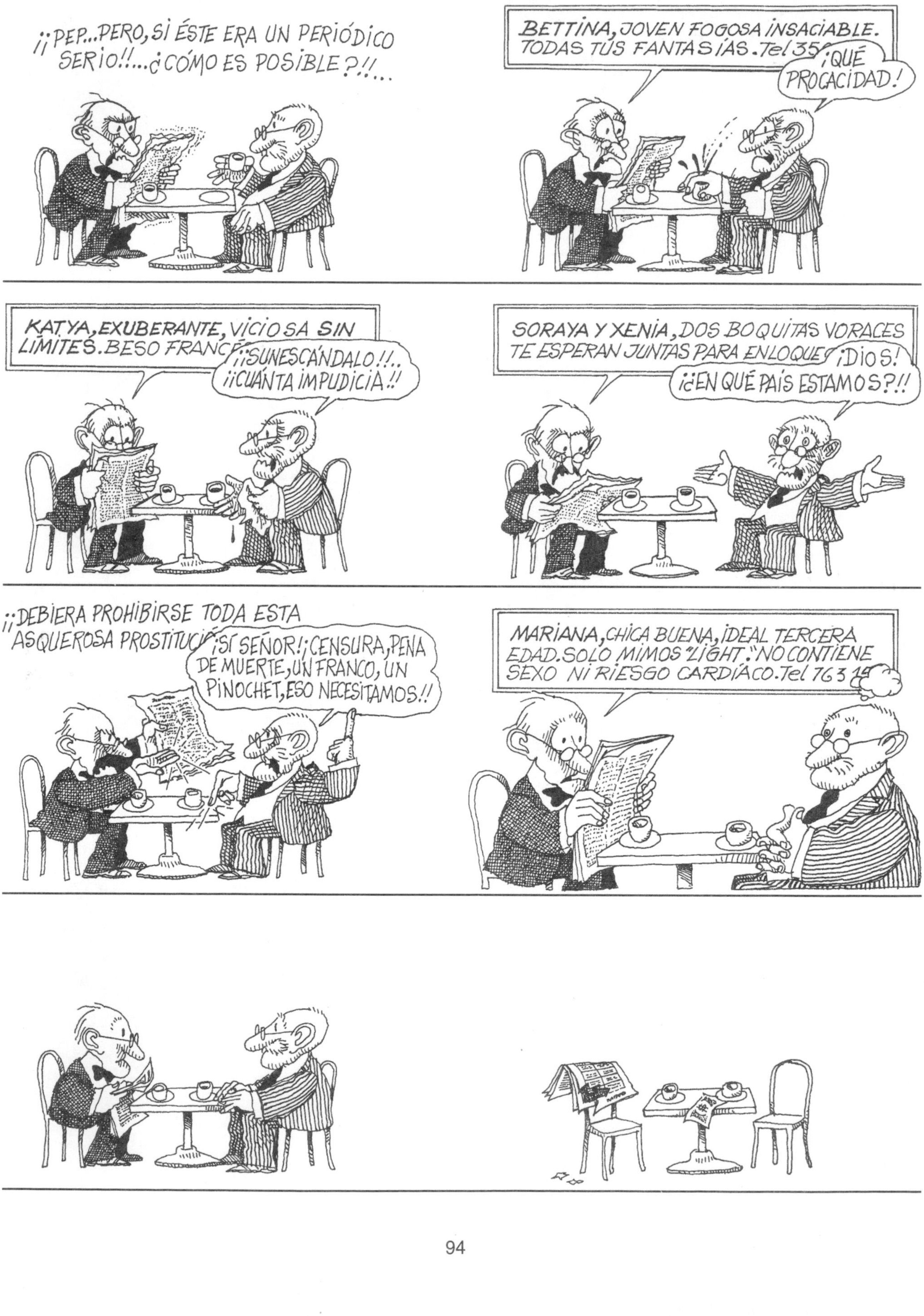
¡¡PEP...PERO, SI ÉSTE ERA UN PERIÓDICO SERIO!!...¿CÓMO ES POSIBLE?!!...
BETTINA, JOVEN FOGOSA INSACIABLE. TODAS TUS FANTASÍAS. Tel 35
¡QUÉ PROCACIDAD!
KATYA, EXUBERANTE, VICIOSA SIN LÍMITES. BESO FRANC
¡¡SUNESCÁNDALO!!.. ¡¡CUÁNTA IMPUDICIA!!
SORAYA Y XENIA, DOS BOQUITAS VORACES TE ESPERAN JUNTAS PARA ENLOQUE
¡DIOS! ¡¿EN QUÉ PAÍS ESTAMOS?!!
¡¡DEBIERA PROHIBIRSE TODA ESTA ASQUEROSA PROSTITUCI
¡SÍ SEÑOR! ¡CENSURA, PENA DE MUERTE, UN FRANCO, UN PINOCHET, ESO NECESITAMOS!!
MARIANA, CHICA BUENA, IDEAL TERCERA EDAD. SOLO MIMOS "LIGHT." NO CONTIENE SEXO NI RIESGO CARDÍACO. Tel 763 1

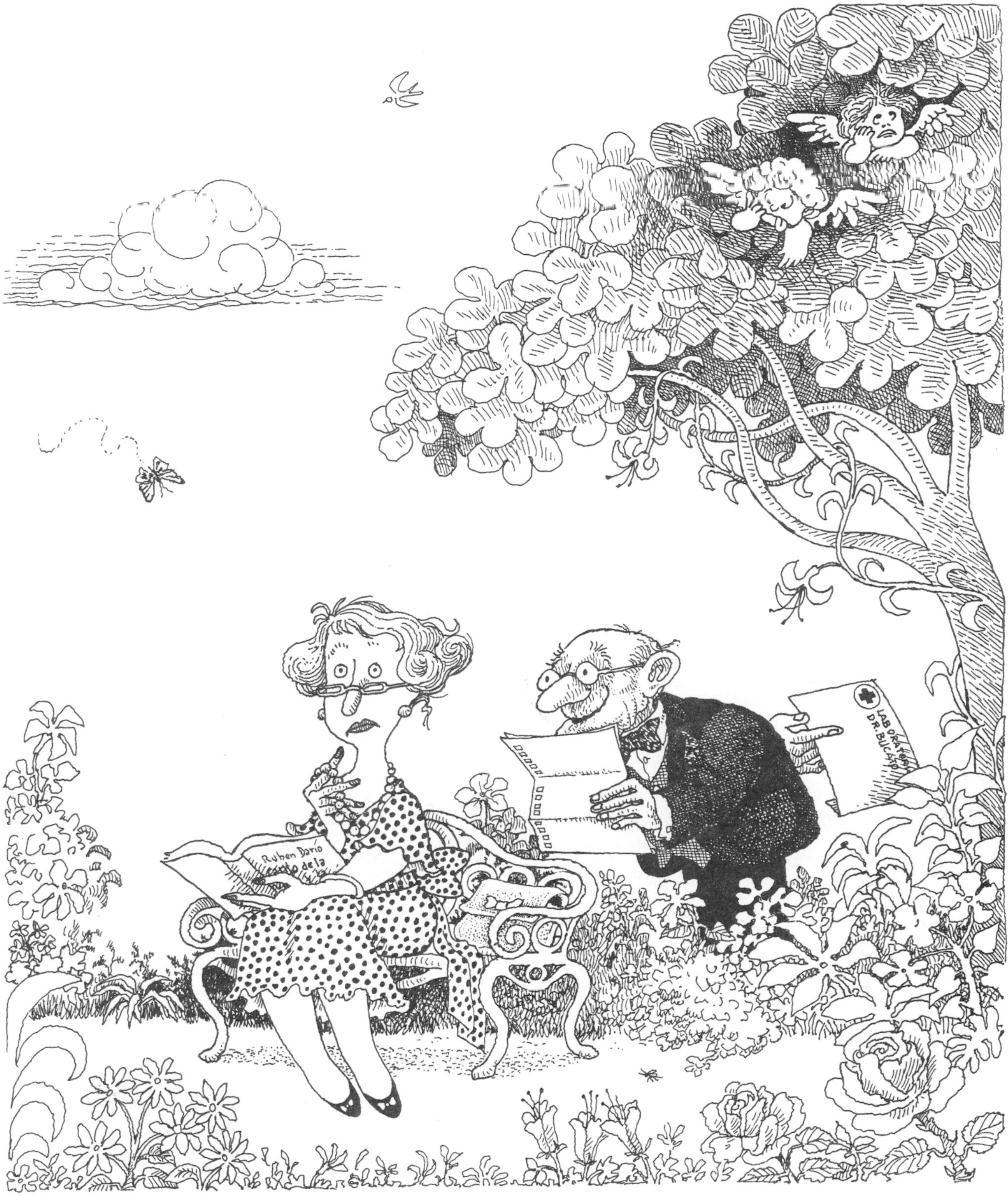
Ruben Darío

—¿SOLITA, PRECIOSA? ¿NO DESEA QUE LE LEA EL RESULTADO DE MIS ÚLTIMOS ANÁLISIS?

...Y ES COMO UNA PUNTADA, DOCTOR, QUE COMIENZA AQUÍ, AL COSTADO.

ENTIENDO, AQUÍ, ¿Y LUEGO?

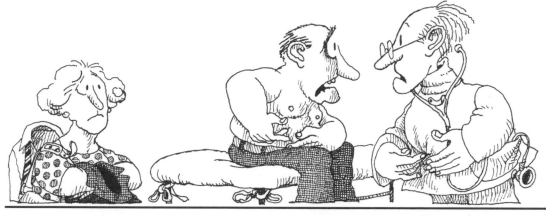

LUEGO VA SUBIENDO, SUBIENDO.....HASTA LLEGAR AQUÍ.
¡¡ENTONCES ES UN ANSIA,...UN AHOGO,...UNA OPRESIÓN!!...

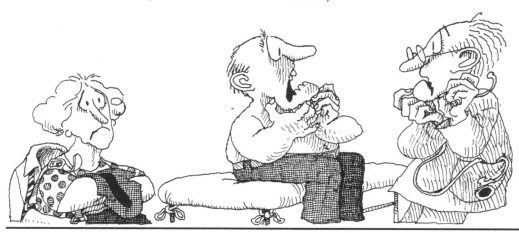

¡¡AY, MI MADRE!!...¡¡¡LOS MISMOS SÍNTOMAS!!!
¿¿QUÉ DIABLOS TENDREMOS??

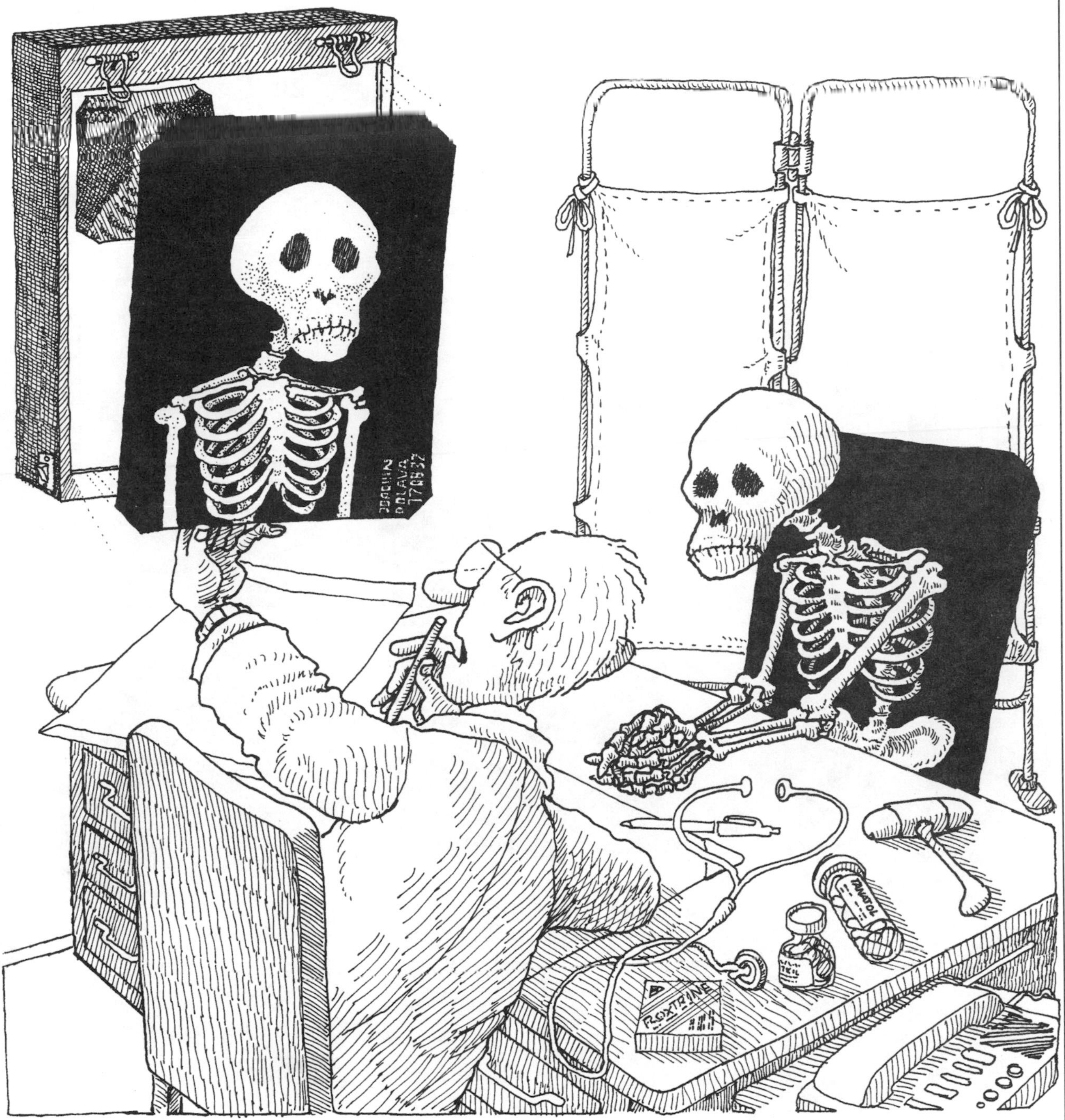

—BUÉH... YA QUE NI EN USTED NI EN SUS RADIOGRAFÍAS SE OBSERVAN CAMBIOS DE IMPORTANCIA YO DIRÍA QUE CONTINUEMOS EL TRATAMIENTO CON LA MISMA MEDICACIÓN.

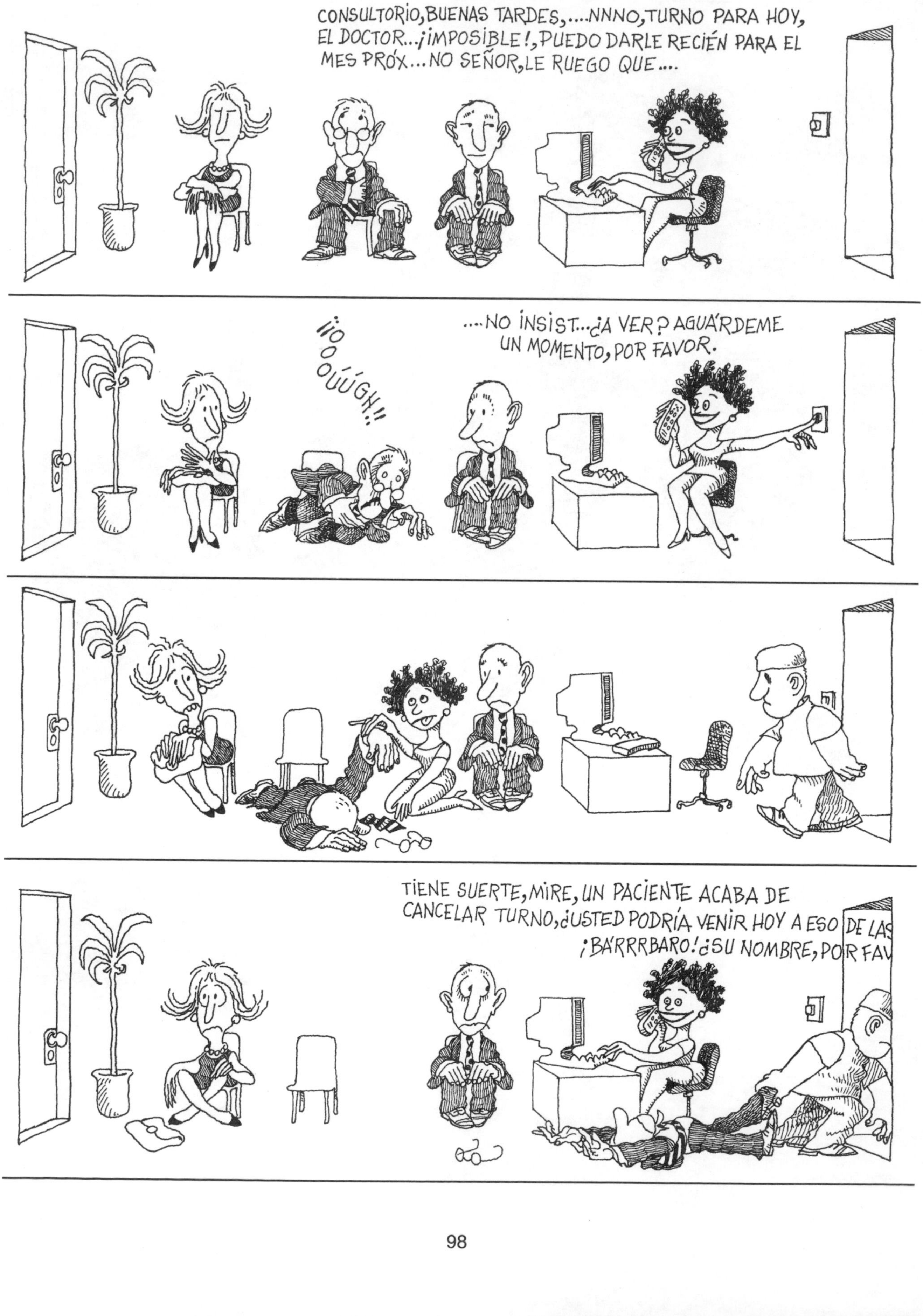
CONSULTORIO, BUENAS TARDES, ...NNNO, TURNO PARA HOY, EL DOCTOR...¡IMPOSIBLE!, PUEDO DARLE RECIÉN PARA EL MES PRÓX... NO SEÑOR, LE RUEGO QUE....
¡¡OOOÚÚGH!!
....NO INSIST...¿A VER? AGUÁRDEME UN MOMENTO, POR FAVOR.
TIENE SUERTE, MIRE, UN PACIENTE ACABA DE CANCELAR TURNO, ¿USTED PODRÍA VENIR HOY A ESO DE LAS
¡BÁRRRBARO! ¿SU NOMBRE, POR FAV

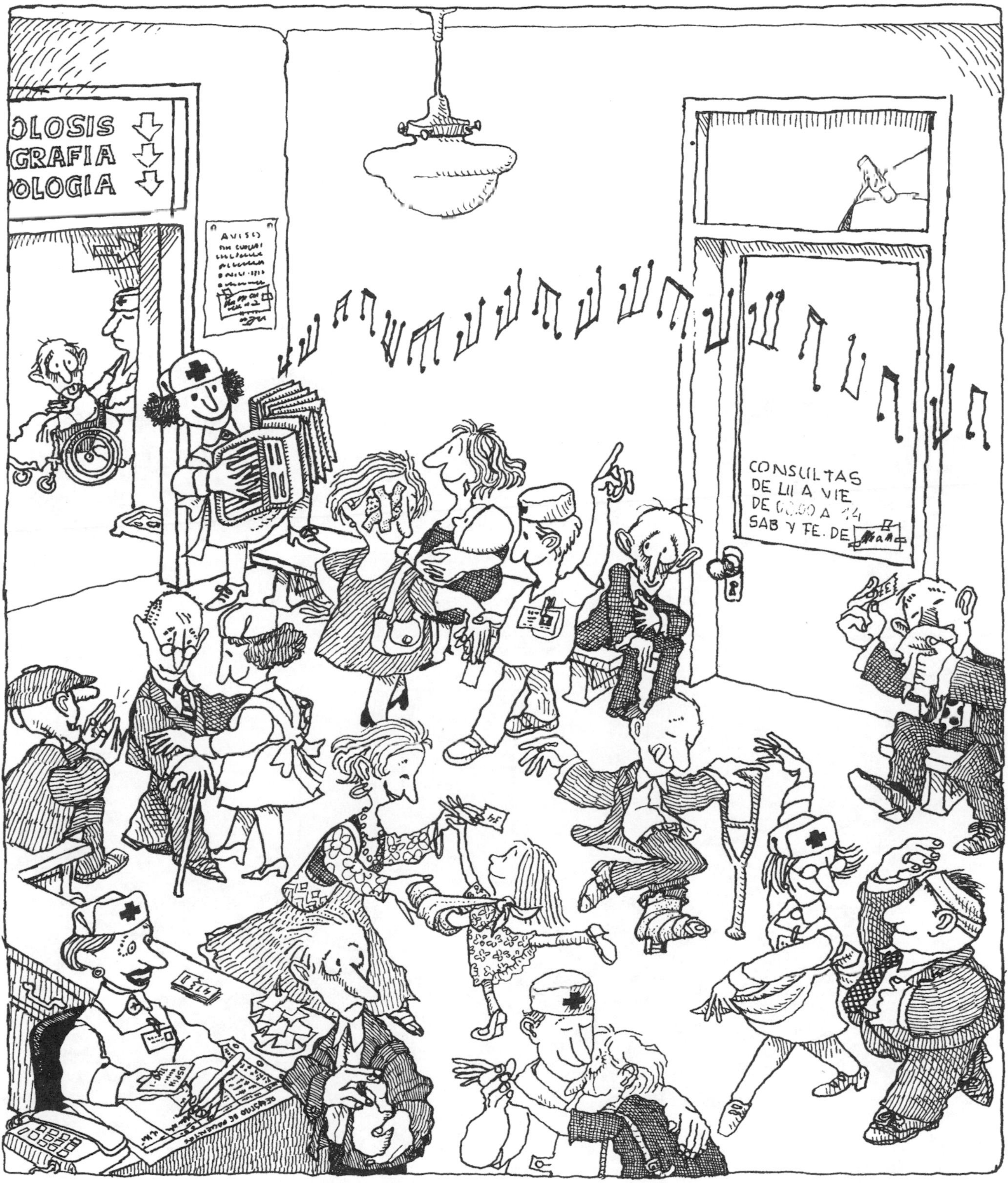
OLOSIS
GRAFIA
OLOGIA
CONSULTAS
DE LU A VIE
SAB Y FE. DE

~FUE UNA IDEA DEL DOCTOR, "¿POR QUÉ ~SE PREGUNTÓ~ ADEMÁS DE SU ENFERMEDAD LA GENTE DEBE AGUANTARSE UNA SALA DE ESPERA ABURRIDA?"

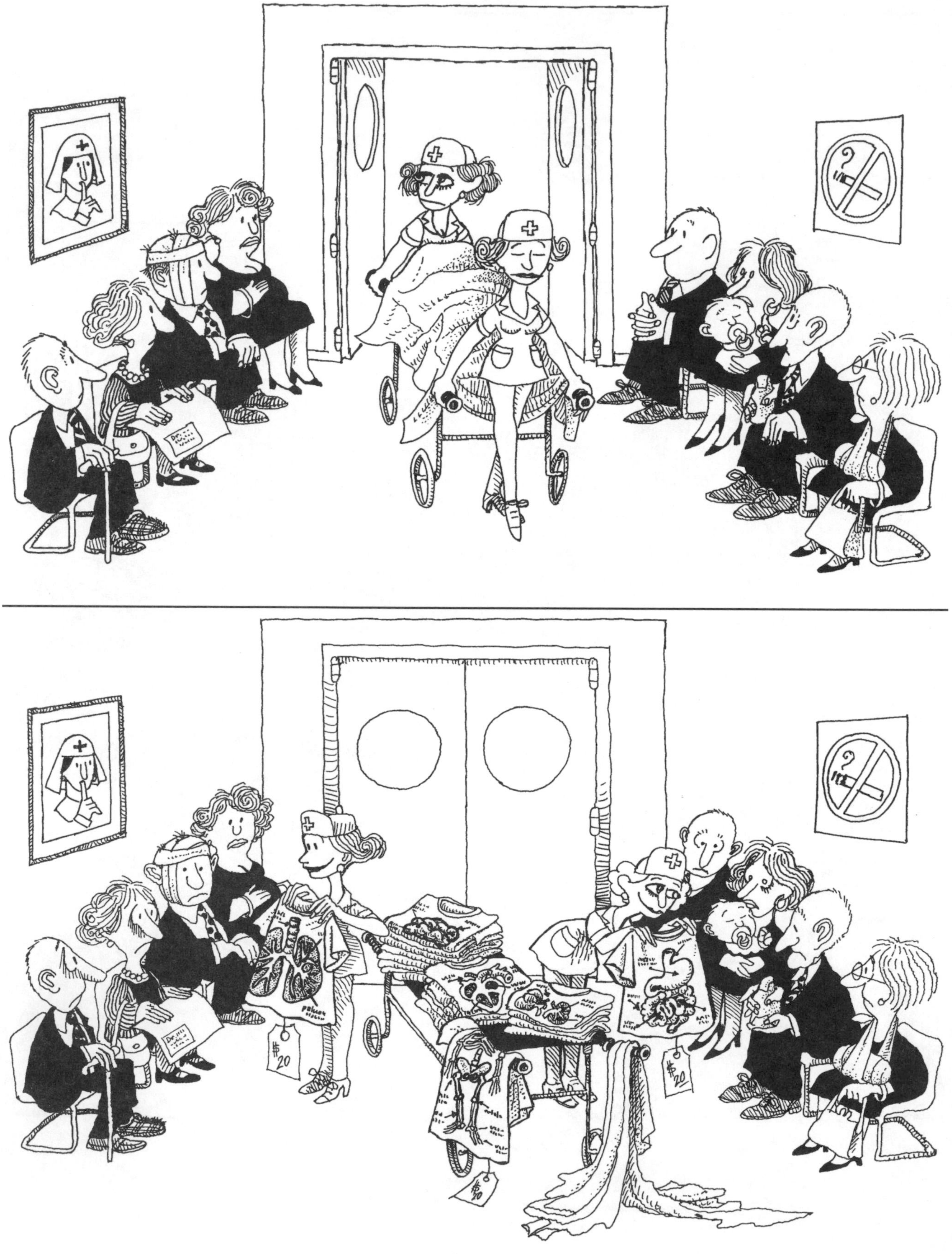
$20
$20

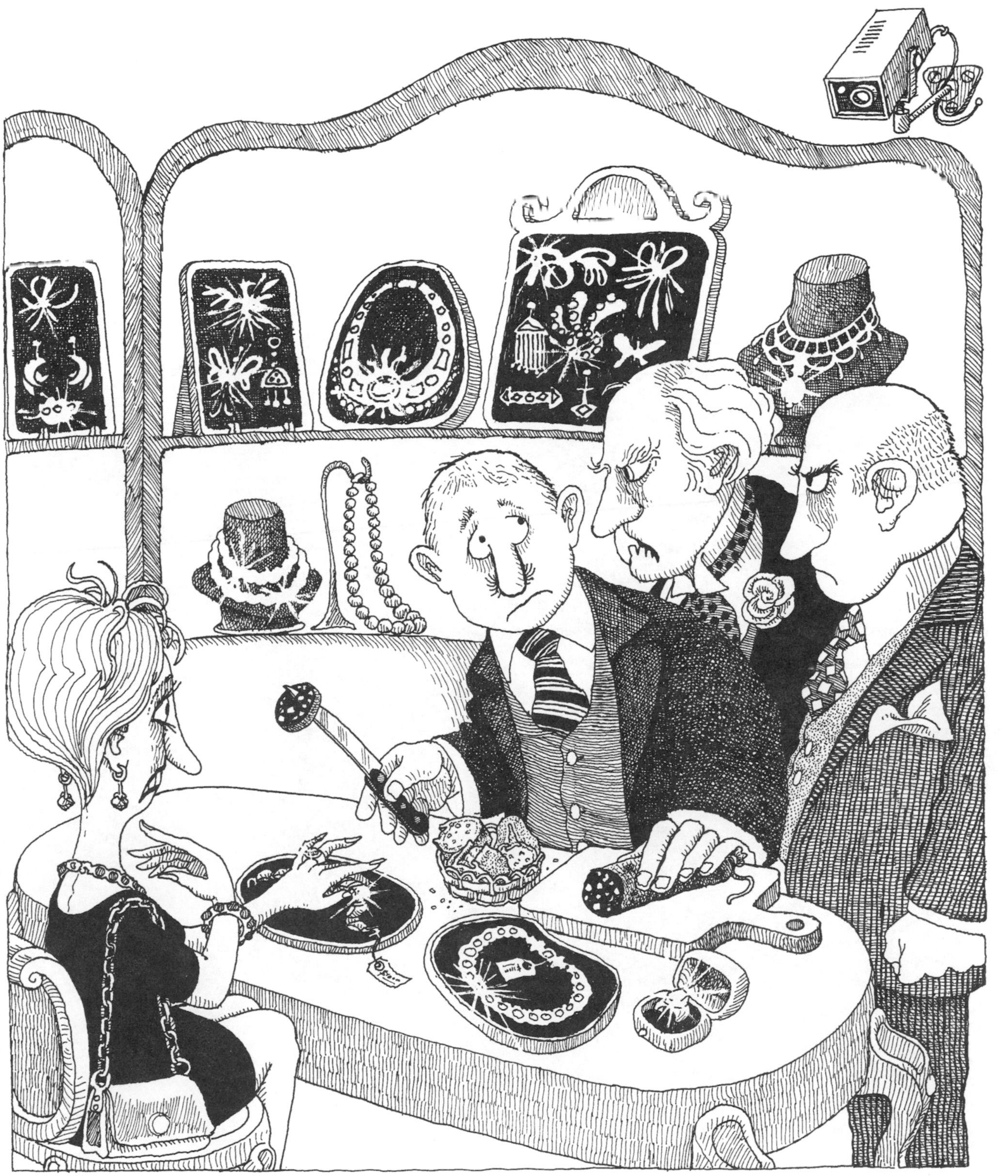

–APRECIAMOS MUY SINCERAMENTE SU ESFUERZO PERSONAL PARA BRINDAR UNA MEJOR ATENCIÓN AL CLIENTE,...¡¡ PERO HAY NIVELES, SEÑOR ROSSI, HAY NIVELES !!

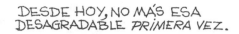

 DESDE HOY, NO MÁS ESA DESAGRADABLE *PRIMERA VEZ.*

 BASTA DE CULPARSE A SÍ MISMO O A OTRO MALDITO DISTRAÍDO. BASTA DE ODIO, RABIA Y MALDICIONES. ¿Y TODO ESTO, POR QUÉ?

...PORQUE TODOS NUESTROS ÚLTIMOS MODELOS VIENEN CON EL PRIMER DISGUSTO YA INCORPORADO DE FÁBRICA. ESTUDIADO PARA QUE PAREZCA REAL, OBSERVE QUÉ TERMINACIÓN: NADA DE FAROS ROTOS, NI CROMADOS OXIDADOS, NI PINTURA SALTADA. Y USTED PUEDE ELEGIR: DISGUSTO DELANTERO, TRASERO, A DERECHA, A.....

—¡¡ YO TE LO DECÍA, DAMIÁN: MIRÁ QUE ESTE VUELO CHARTER ES SOSPECHOSAMENTE BARATO, Y VOS, NADA, Y YO QUE TE LO DECÍA, DAMIÁN !!

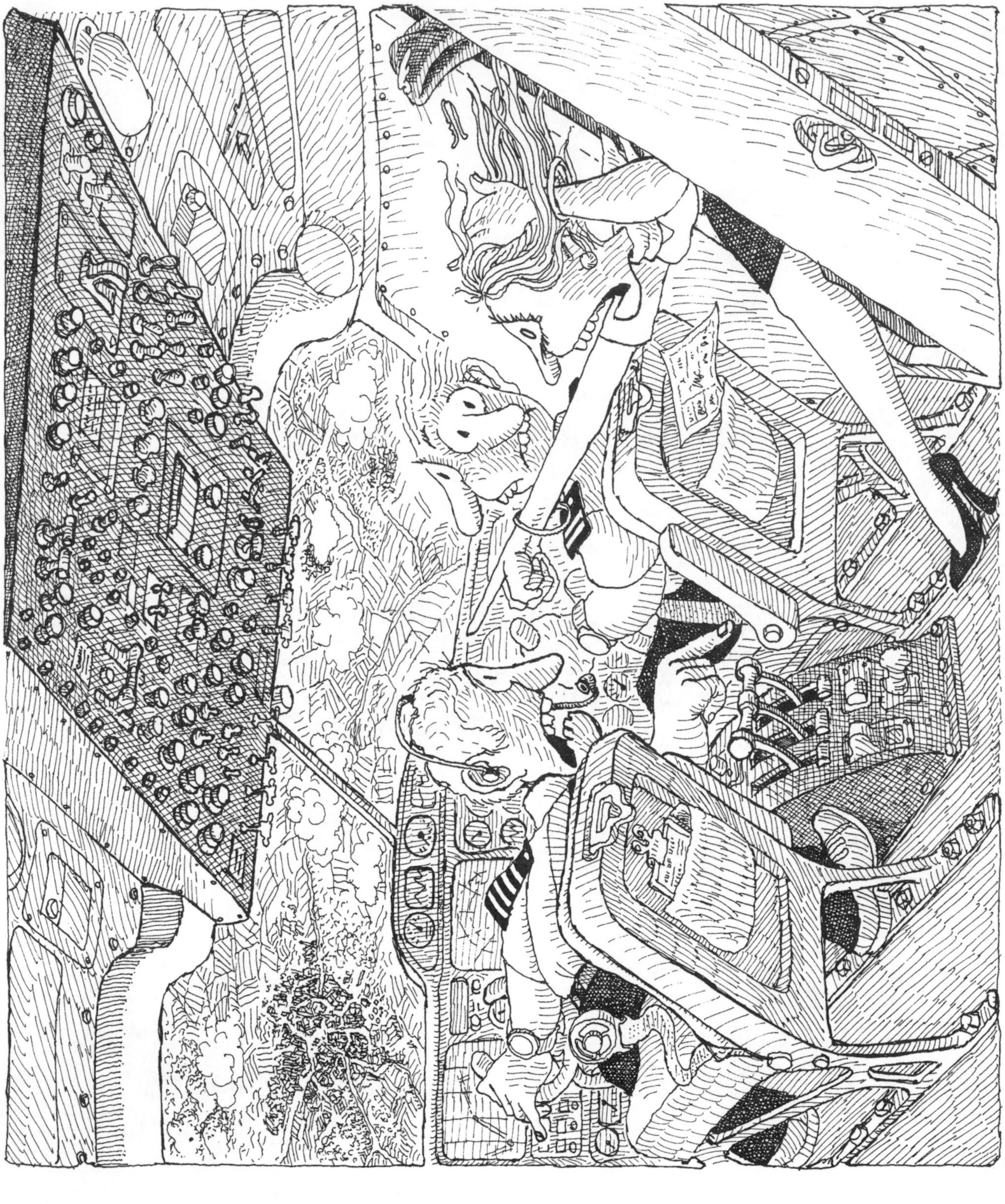

—¿¿¡¡CÓMO QUE NOS CAEMOS!!??... PERO,
¿¿¿NO ESTAMOS EN EL SIMULADOR DE VUELO??

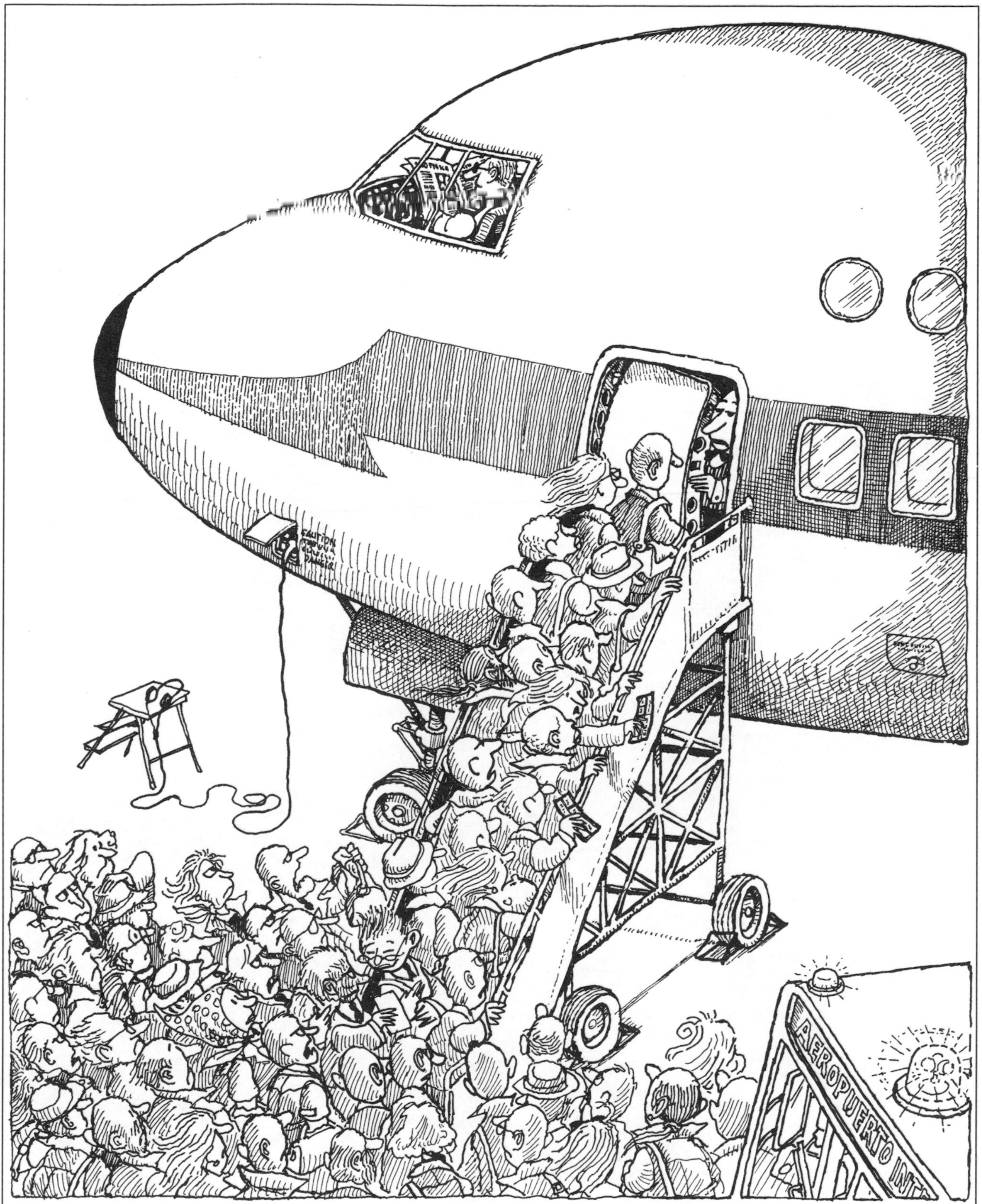
AEROPUERTO INT

–SÍ, EL SEÑOR COMANDANTE ESTÁ. ¿POR QUÉ ASUNTO ES?

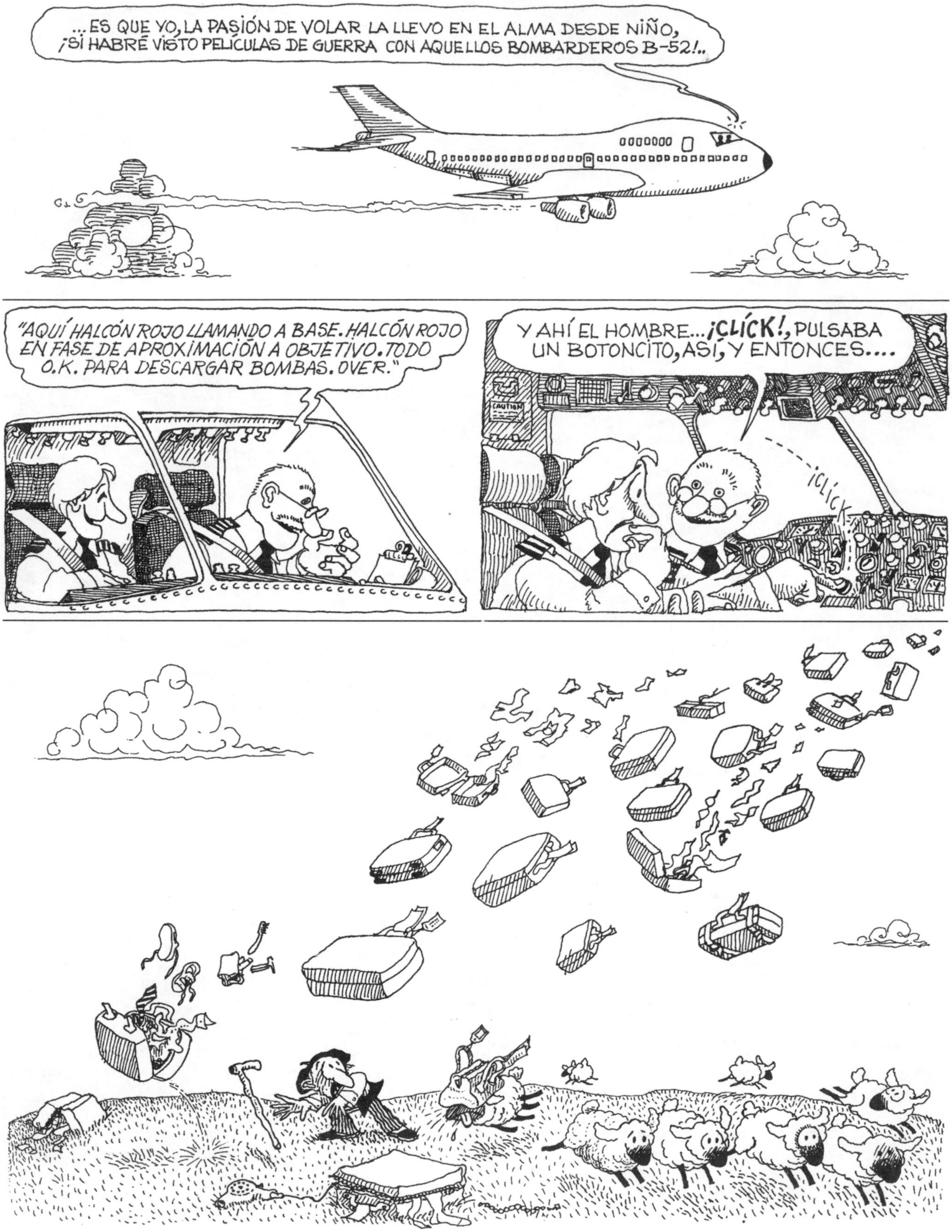
...ES QUE YO, LA PASIÓN DE VOLAR LA LLEVO EN EL ALMA DESDE NIÑO, ¡SÍ HABRÉ VISTO PELÍCULAS DE GUERRA CON AQUELLOS BOMBARDEROS B-52!..
"AQUÍ HALCÓN ROJO LLAMANDO A BASE. HALCÓN ROJO EN FASE DE APROXIMACIÓN A OBJETIVO. TODO O.K. PARA DESCARGAR BOMBAS. OVER."
Y AHÍ EL HOMBRE... ¡CLÍCK!, PULSABA UN BOTONCITO, ASÍ, Y ENTONCES....
¡CLÍCK

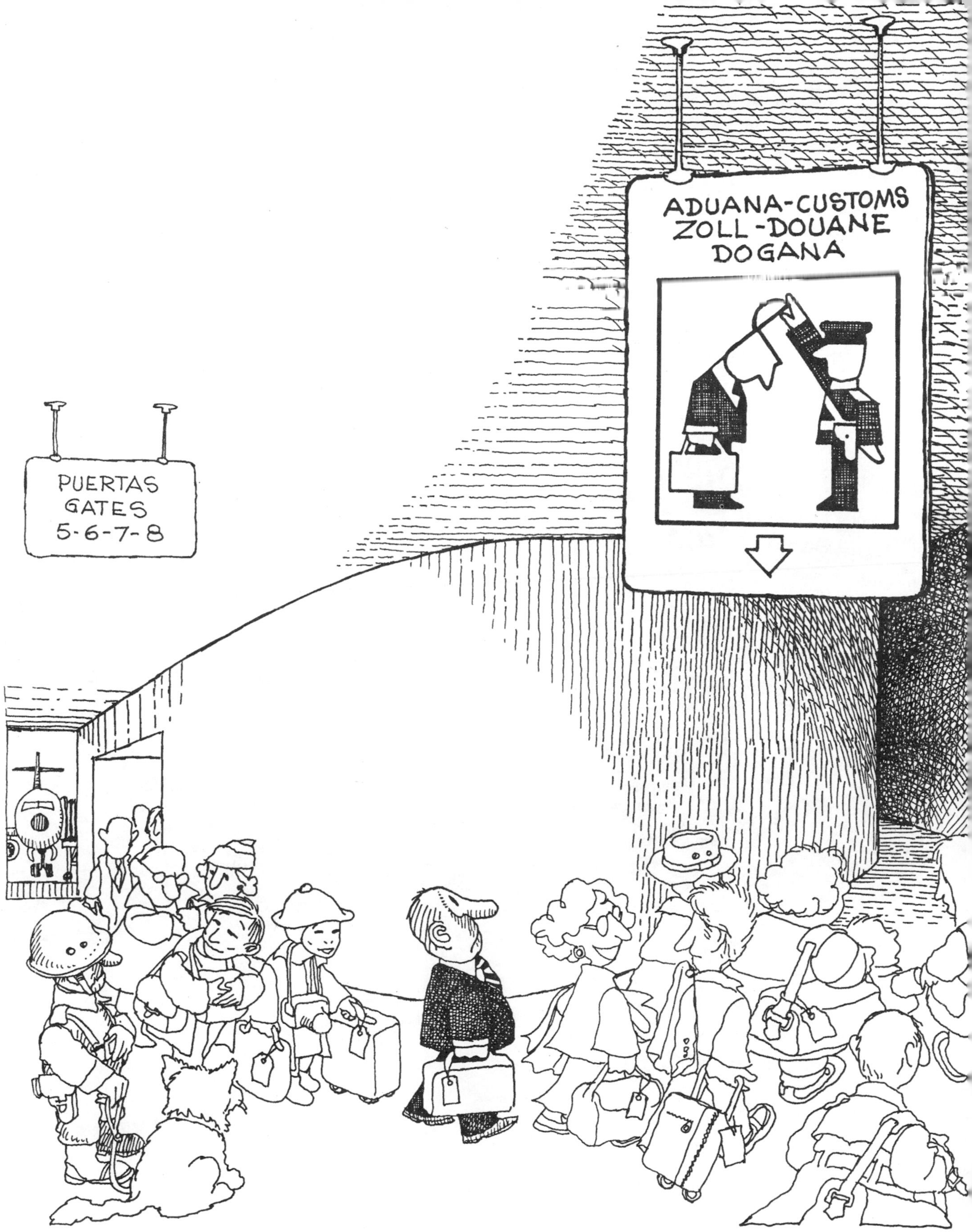
ADUANA-CUSTOMS
ZOLL-DOUANE
DOGANA
PUERTAS
GATES
5-6-7-8

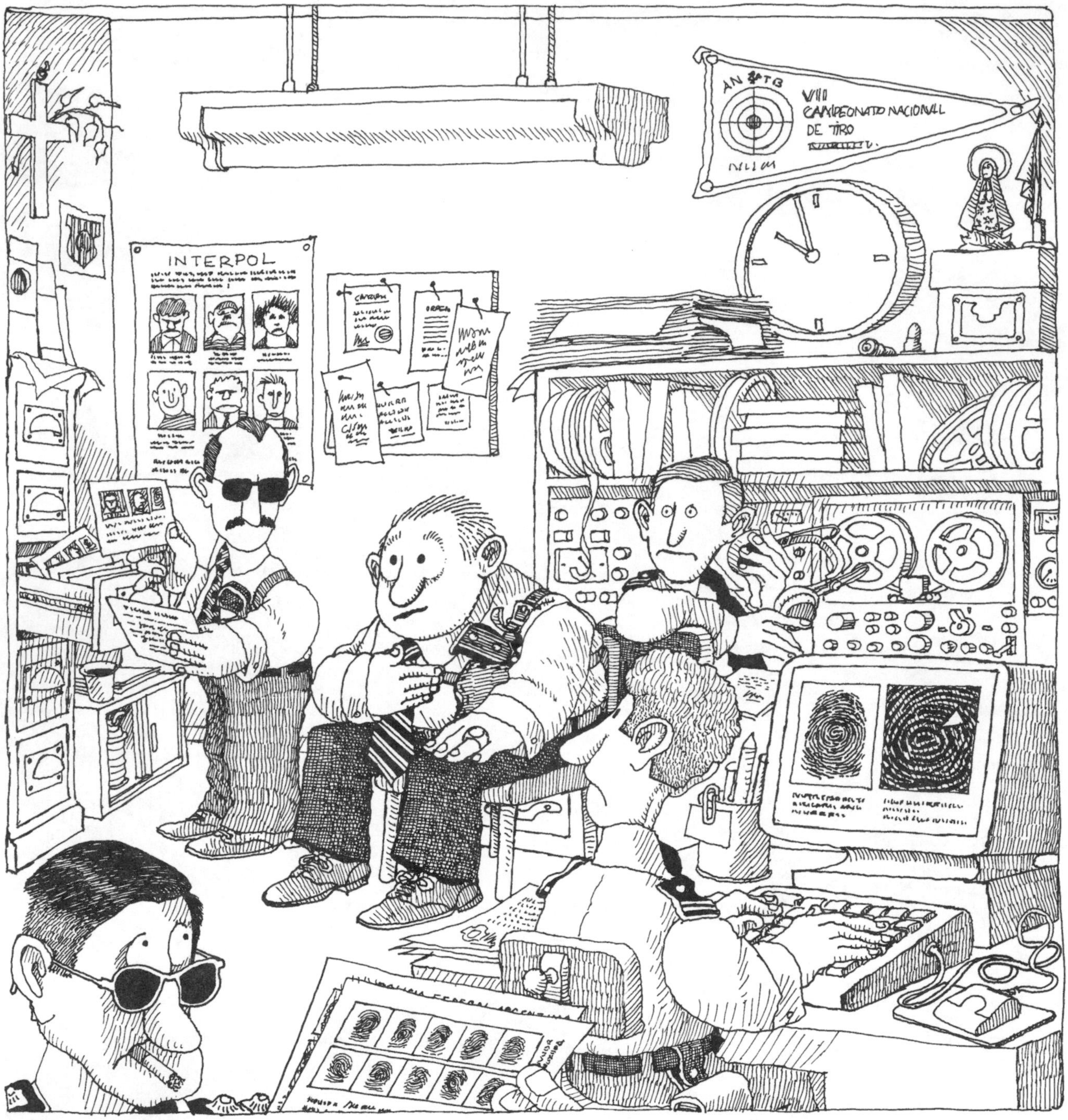
INTERPOL
VIII CAMPEONATO NACIONAL DE TIRO

~ JAMÁS IMAGINÉ QUE UN DIA YO, ASÍ, DE GOLPE, PUDIERA ENAMORARME Y TRANSFORMARME EN OTRO HOMBRE. EL HECHO SE PRODUJO HACE DOS DÍAS, DURANTE UNA REUNIÓN DE CARÁCTER SOCIAL Y DESDE ENTONCES MI IDENTIDAD ES OTRA, YA NADA TENGO QUE VER CON QUIEN FUI HASTA CONOCER A LA CIUDADANA ROXANA SAMANTHA POMPINO, DE SEXO FEMENINO, NACIDA EL 27-04-69 EN LA LOCALIDAD DE LOS POMITOS, CON ACTUAL DOMICILIO EN CALLE TENIENTE CANOPLA 1243 DE ESTA CIUDAD, ESTADO CIVIL SOLTERA, DE PROFESIÓN MANICURA, TEZ CLARA, OJOS MARRONES, CABELLOS CASTAÑOS, ALTURA 1m. 64, SEÑAS PARTICULARES DESTACABLES Y QUE, INDAGADA AL RESPECTO SE DECLARÓ INTERESADA EN MANTENER NUEVOS CONTACTOS CON QUIEN ESTO EXPONE. NUNCA ANTES ME HABÍA OCURRIDO ESTO DE SENTIR QUE TAMBIÉN YO SOY CAPAZ DE PODER EXPRESARME, QUÉ SÉ YO,.... ASÍ,..¡COMO UN POETA!

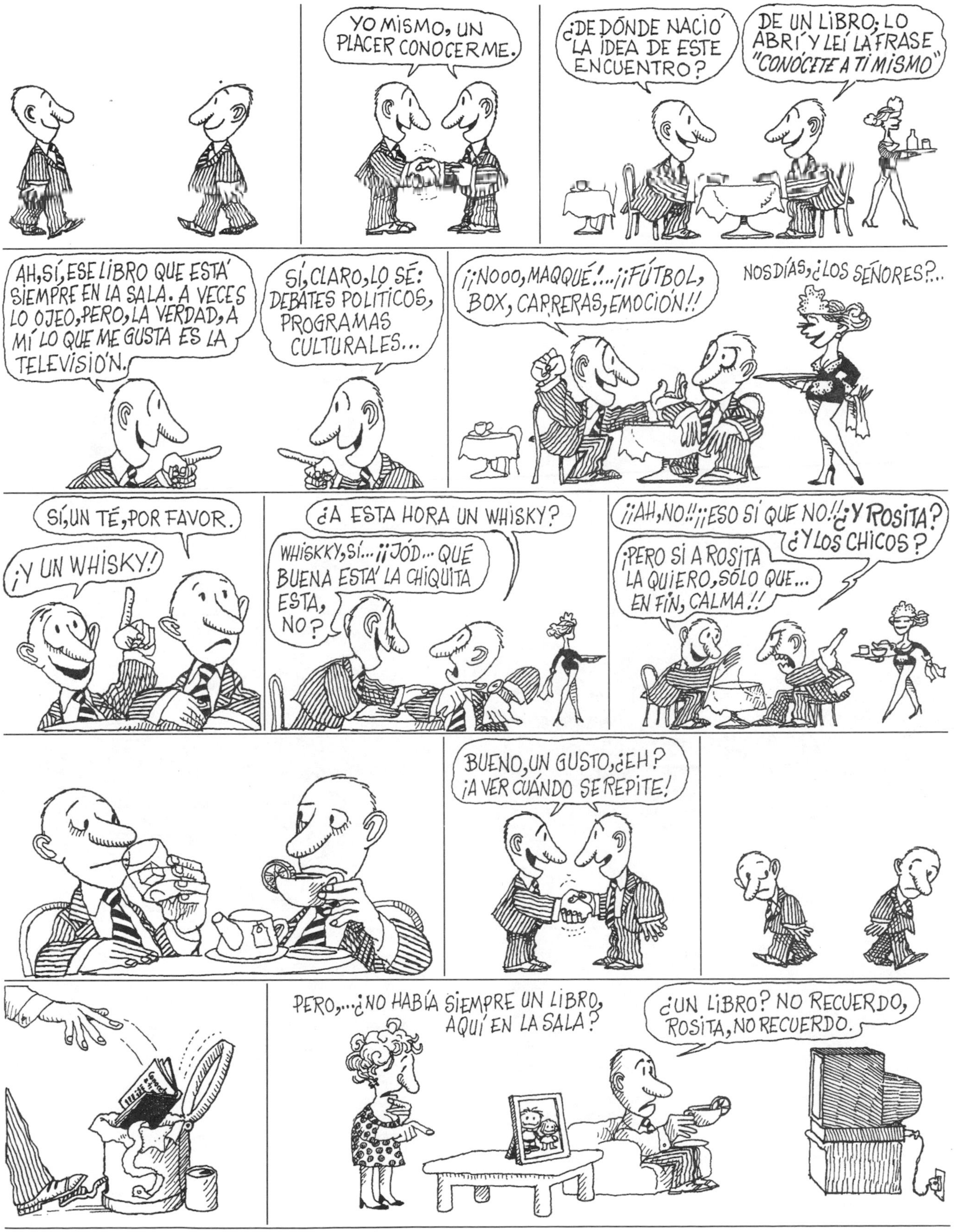
YO MISMO, UN PLACER CONOCERME.
¿DE DÓNDE NACIÓ LA IDEA DE ESTE ENCUENTRO?
DE UN LIBRO; LO ABRÍ Y LEÍ LA FRASE "CONÓCETE A TI MISMO"
AH, SÍ, ESE LIBRO QUE ESTÁ SIEMPRE EN LA SALA. A VECES LO OJEO, PERO, LA VERDAD, A MÍ LO QUE ME GUSTA ES LA TELEVISIÓN.
SÍ, CLARO, LO SÉ: DEBATES POLÍTICOS, PROGRAMAS CULTURALES...
¡¡NOOO, MAQQUÉ!...¡¡FÚTBOL, BOX, CARRERAS, EMOCIÓN!!
NOS DÍAS, ¿LOS SEÑORES?...
SÍ, UN TÉ, POR FAVOR.
¡Y UN WHISKY!
¿A ESTA HORA UN WHISKY?
WHISKKY, SÍ... ¡¡JÓD... QUÉ BUENA ESTÁ LA CHIQUITA ESTA, NO?
¡¡AH, NO!! ¡¡ESO SÍ QUE NO!! ¿Y ROSITA? ¿Y LOS CHICOS?
¡PERO SI A ROSITA LA QUIERO, SÓLO QUE... EN FIN, CALMA!!
BUENO, UN GUSTO, ¿EH? ¡A VER CUÁNDO SE REPITE!
PERO,...¿NO HABÍA SIEMPRE UN LIBRO, AQUÍ EN LA SALA?
¿UN LIBRO? NO RECUERDO, ROSITA, NO RECUERDO.

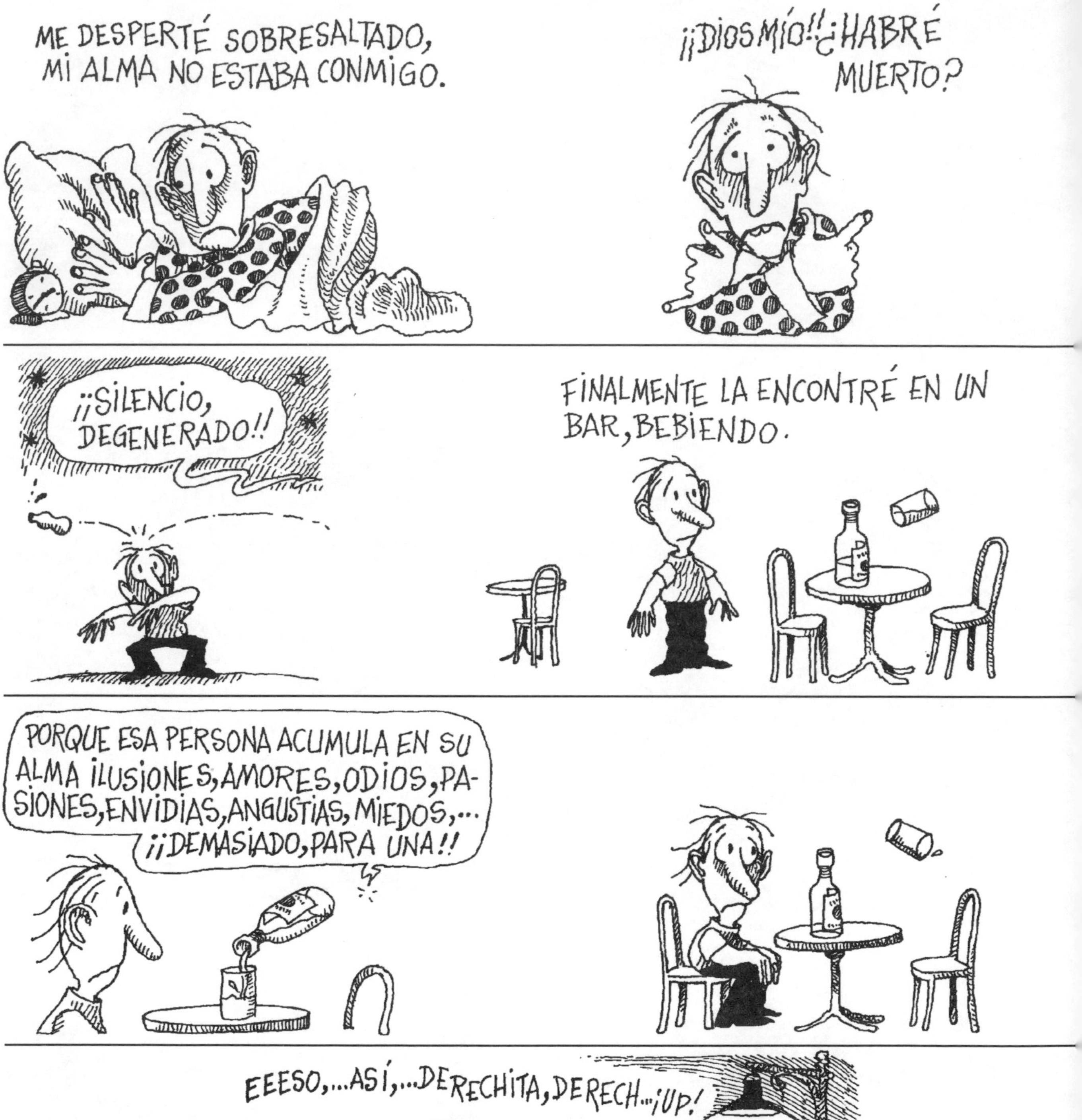
ME DESPERTÉ SOBRESALTADO, MI ALMA NO ESTABA CONMIGO.
¡¡DIOS MÍO!! ¿HABRÉ MUERTO?
¡¡SILENCIO, DEGENERADO!!
FINALMENTE LA ENCONTRÉ EN UN BAR, BEBIENDO.
PORQUE ESA PERSONA ACUMULA EN SU ALMA ILUSIONES, AMORES, ODIOS, PASIONES, ENVIDIAS, ANGUSTIAS, MIEDOS,... ¡¡DEMASIADO, PARA UNA!!
EEESO,...ASÍ,...DERECHITA, DERECH...¡UP!

CORRÍ AL ESPEJO. TAMPOCO MI ALMA ESTABA ALLÍ.

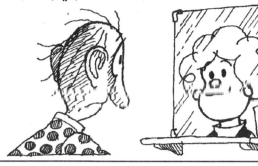

DESESPERADO, SALÍ A BUSCARLA POR TODA LA CIUDAD.

¡¡ALMAAA!! ¡¡ALMAAA!!

¡ALMA! ¿QUÉ PASA? ¿POR QUÉ ME ABANDONAS ASÍ?

NECESITABA DESCANSAR UN POCO. ES MUY DURO SER EL ALMA DE UNA MISMA PERSONA TODA LA VIDA.

¡EN FIN!... SÉ QUE NO PUEDO HACER OTRA COSA QUE ACOMPAÑARTE HASTA EL FINAL, ASÍ QUE... ¡¡VAMOS!!

ESO SÍ, TENDRÁS QUE AYUDARME A CAMINAR, PORQUE ESTOY UN POQUIT.... ¡HOP-PA!!

...mpleto estado de ebriedad en la vía pública.

¡YONNO'C; MI ALMA, Y ETTOY VIVO, NO EDBRIO!

¡HIP!

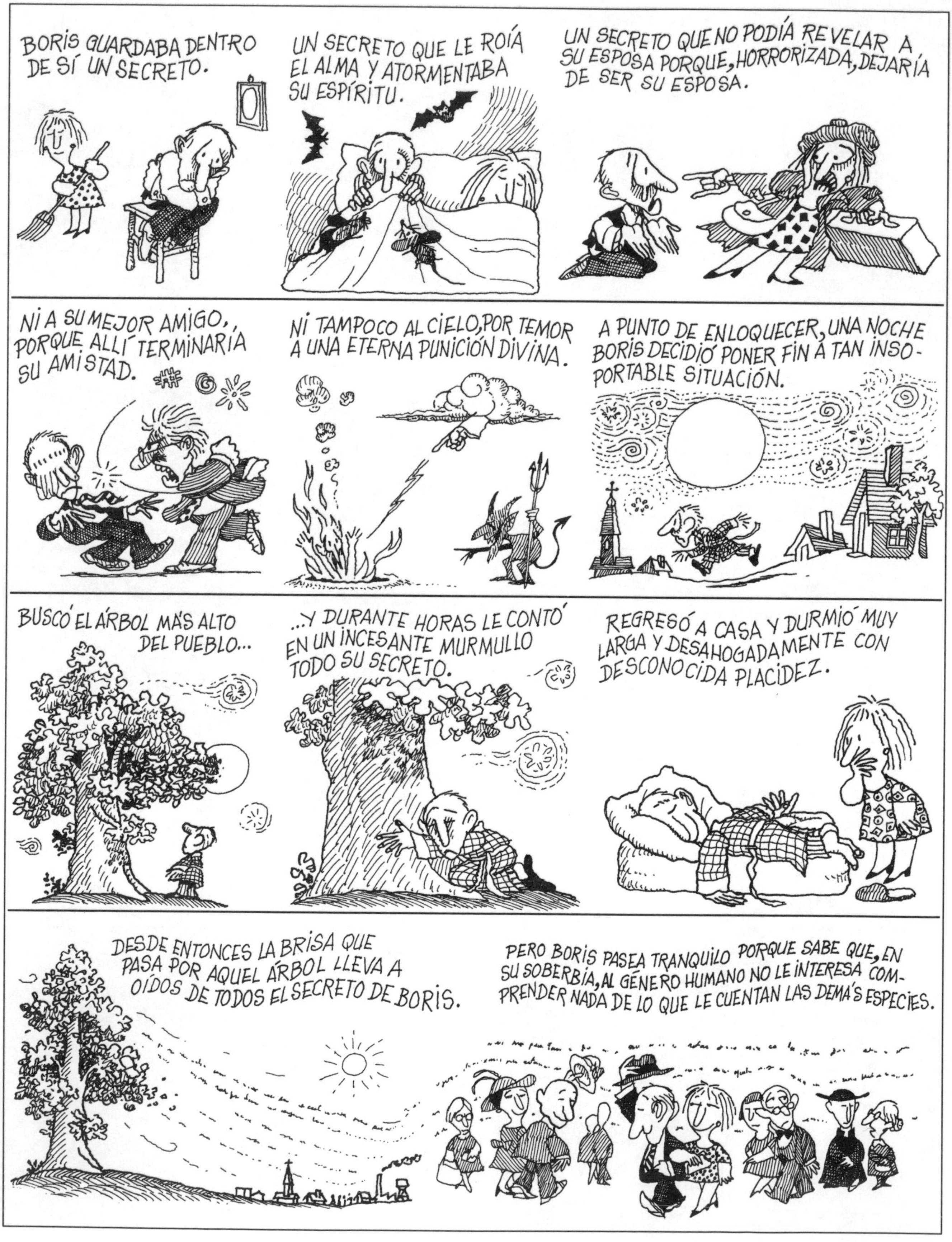
BORIS GUARDABA DENTRO DE SÍ UN SECRETO.
UN SECRETO QUE LE ROÍA EL ALMA Y ATORMENTABA SU ESPÍRITU.
UN SECRETO QUE NO PODÍA REVELAR A SU ESPOSA PORQUE, HORRORIZADA, DEJARÍA DE SER SU ESPOSA.
NI A SU MEJOR AMIGO, PORQUE ALLÍ TERMINARÍA SU AMISTAD.
NI TAMPOCO AL CIELO, POR TEMOR A UNA ETERNA PUNICIÓN DIVINA.
A PUNTO DE ENLOQUECER, UNA NOCHE BORIS DECIDIÓ PONER FIN A TAN INSOPORTABLE SITUACIÓN.
BUSCÓ EL ÁRBOL MÁS ALTO DEL PUEBLO...
...Y DURANTE HORAS LE CONTÓ EN UN INCESANTE MURMULLO TODO SU SECRETO.
REGRESÓ A CASA Y DURMIÓ MUY LARGA Y DESAHOGADAMENTE CON DESCONOCIDA PLACIDEZ.
DESDE ENTONCES LA BRISA QUE PASA POR AQUEL ÁRBOL LLEVA A OÍDOS DE TODOS EL SECRETO DE BORIS.
PERO BORIS PASEA TRANQUILO PORQUE SABE QUE, EN SU SOBERBIA, AL GÉNERO HUMANO NO LE INTERESA COMPRENDER NADA DE LO QUE LE CUENTAN LAS DEMÁS ESPECIES.

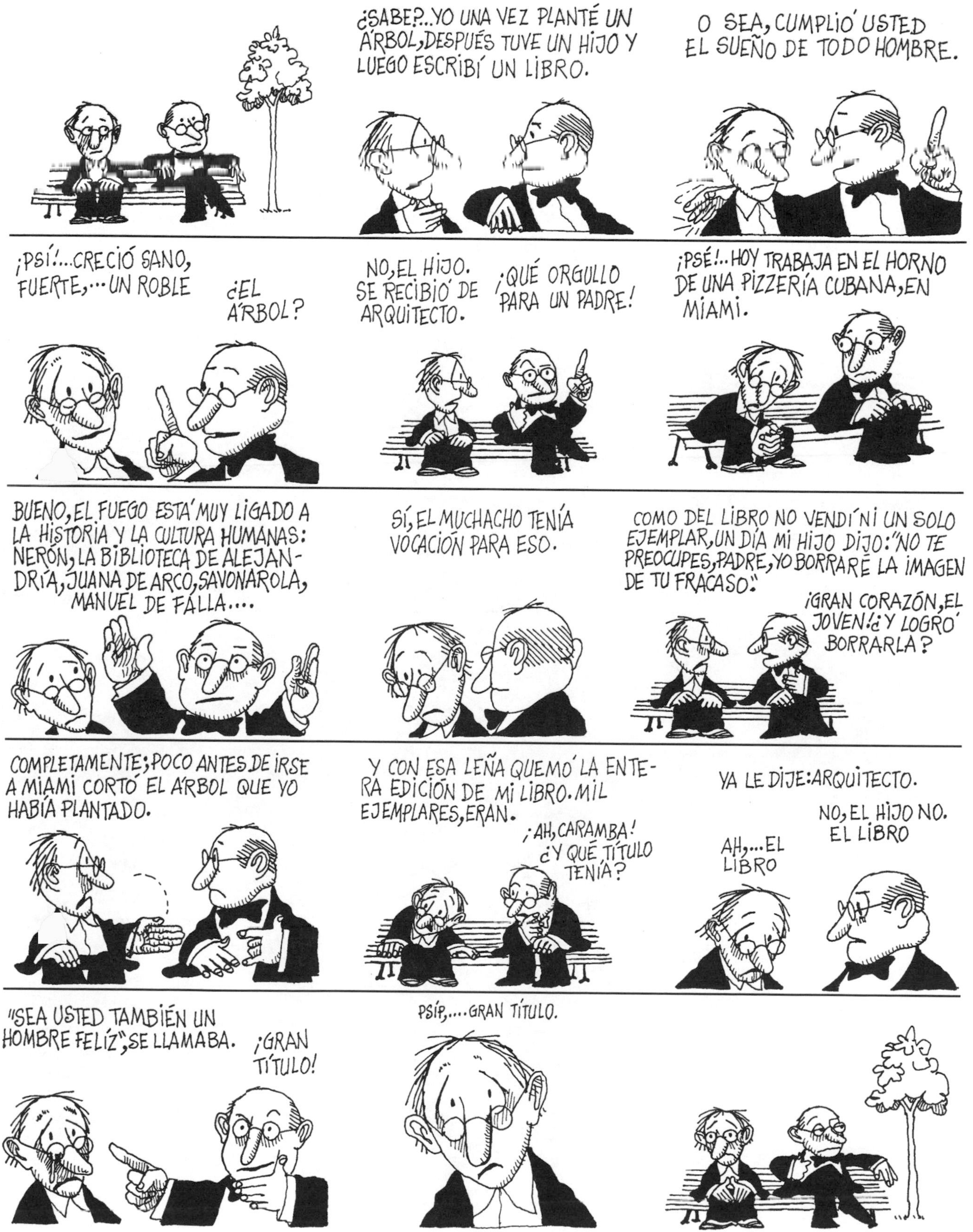
¿SABE?..YO UNA VEZ PLANTÉ UN ÁRBOL, DESPUÉS TUVE UN HIJO Y LUEGO ESCRIBÍ UN LIBRO.
O SEA, CUMPLIÓ USTED EL SUEÑO DE TODO HOMBRE.
¡PSÍ!...CRECIÓ SANO, FUERTE,... UN ROBLE
¿EL ÁRBOL?
NO, EL HIJO. SE RECIBIÓ DE ARQUITECTO.
¡QUÉ ORGULLO PARA UN PADRE!
¡PSÉ!..HOY TRABAJA EN EL HORNO DE UNA PIZZERÍA CUBANA, EN MIAMI.
BUENO, EL FUEGO ESTÁ MUY LIGADO A LA HISTORIA Y LA CULTURA HUMANAS: NERÓN, LA BIBLIOTECA DE ALEJANDRÍA, JUANA DE ARCO, SAVONAROLA, MANUEL DE FALLA....
SÍ, EL MUCHACHO TENÍA VOCACIÓN PARA ESO.
COMO DEL LIBRO NO VENDÍ NI UN SOLO EJEMPLAR, UN DÍA MI HIJO DIJO: "NO TE PREOCUPES, PADRE, YO BORRARÉ LA IMAGEN DE TU FRACASO".
¡GRAN CORAZÓN, EL JOVEN! ¿Y LOGRÓ BORRARLA?
COMPLETAMENTE; POCO ANTES DE IRSE A MIAMI CORTÓ EL ÁRBOL QUE YO HABÍA PLANTADO.
Y CON ESA LEÑA QUEMÓ LA ENTERA EDICIÓN DE MI LIBRO. MIL EJEMPLARES, ERAN.
¡AH, CARAMBA! ¿Y QUÉ TÍTULO TENÍA?
YA LE DIJE: ARQUITECTO.
NO, EL HIJO NO. EL LIBRO
AH,...EL LIBRO
"SEA USTED TAMBIÉN UN HOMBRE FELÍZ", SE LLAMABA.
¡GRAN TÍTULO!
PSÍP,....GRAN TÍTULO.

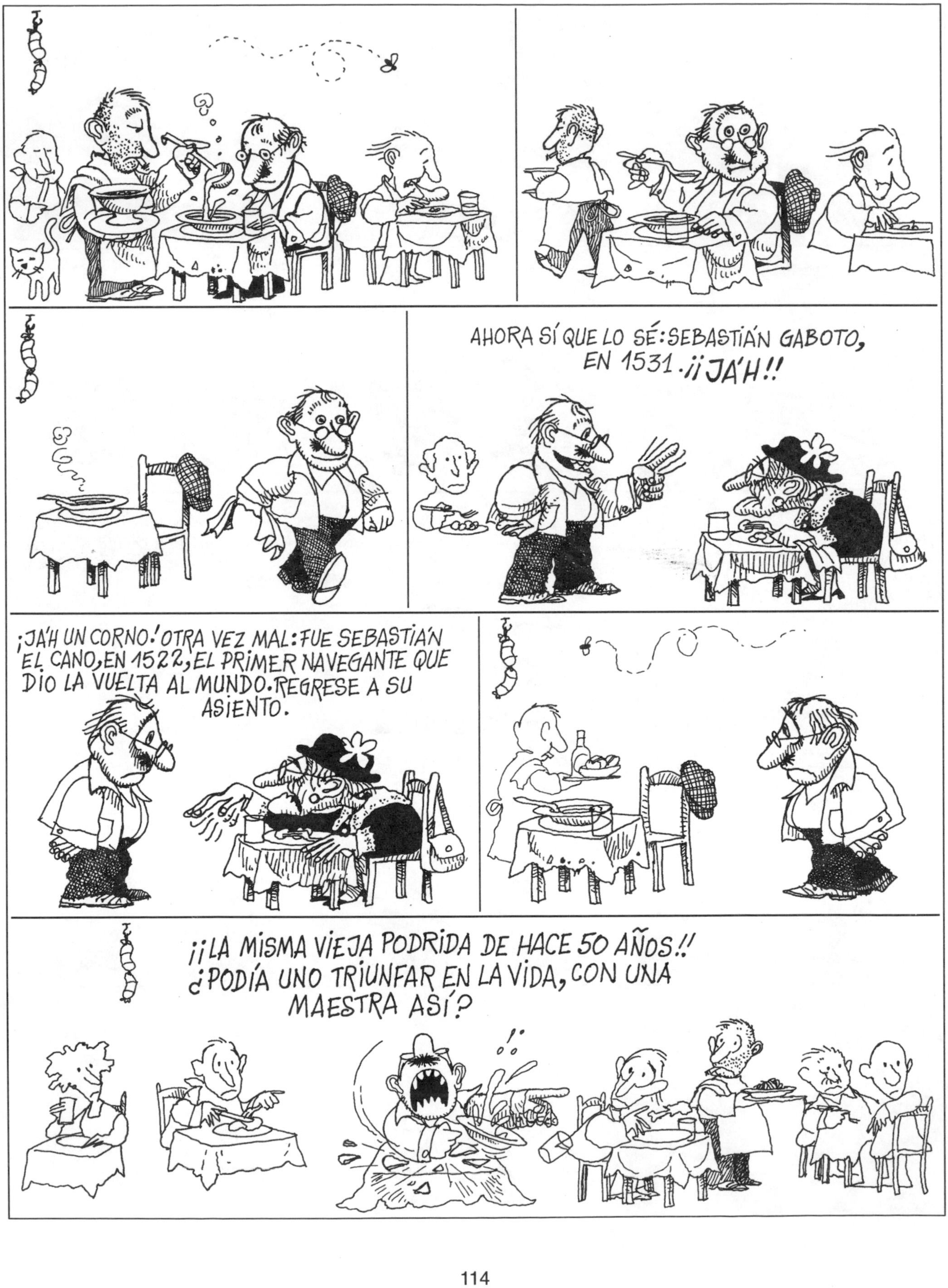
AHORA SÍ QUE LO SÉ: SEBASTIÁN GABOTO, EN 1531. ¡¡JA'H!!
¡JA'H UN CORNO! OTRA VEZ MAL: FUE SEBASTIÁN EL CANO, EN 1522, EL PRIMER NAVEGANTE QUE DIO LA VUELTA AL MUNDO. REGRESE A SU ASIENTO.
¡¡LA MISMA VIEJA PODRIDA DE HACE 50 AÑOS!! ¿PODÍA UNO TRIUNFAR EN LA VIDA, CON UNA MAESTRA ASÍ?

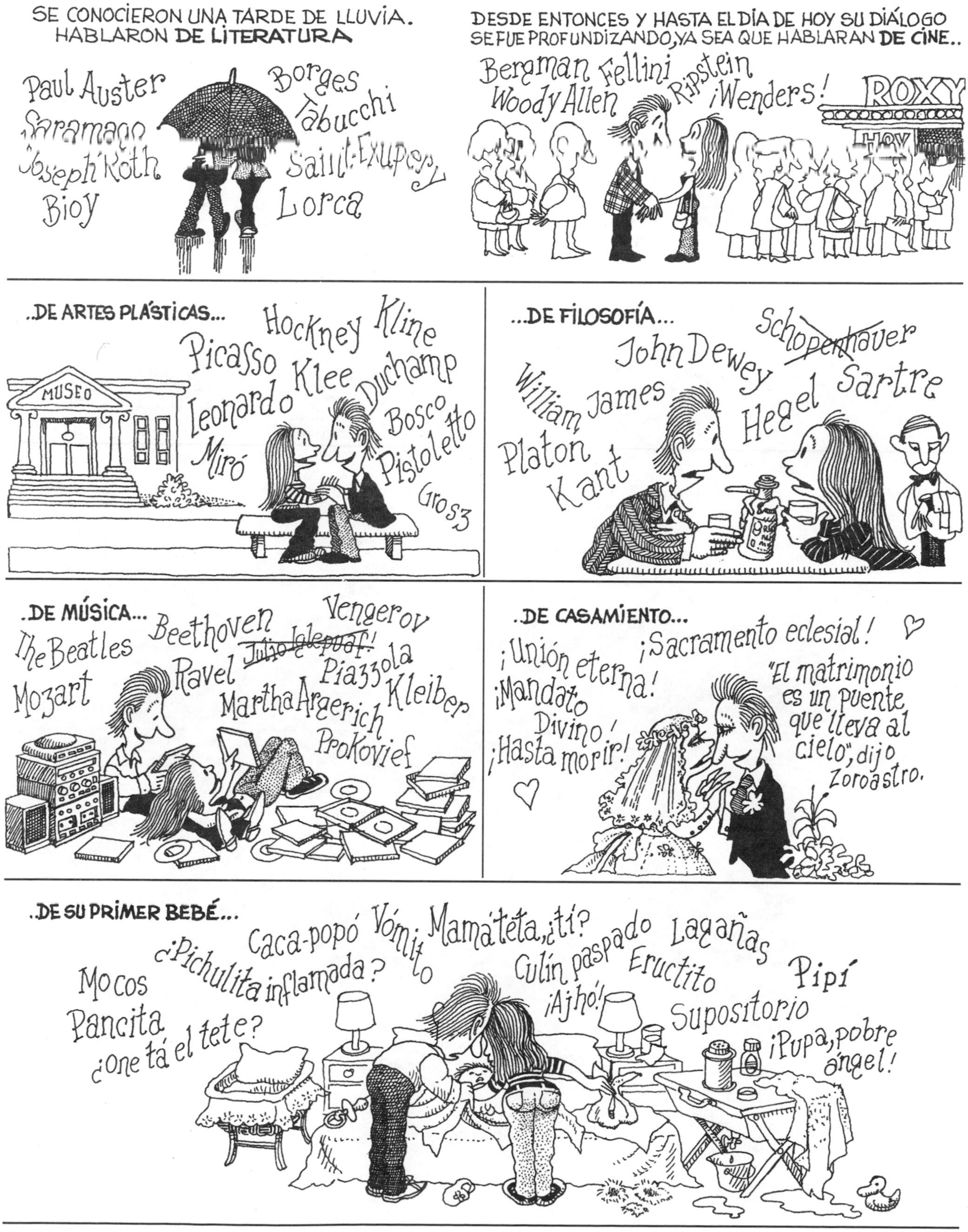

SE CONOCIERON UNA TARDE DE LLUVIA. HABLARON DE LITERATURA
Paul Auster
Saramago
Joseph Roth
Bioy
Borges
Tabucchi
Saint-Exupery
Lorca
DESDE ENTONCES Y HASTA EL DÍA DE HOY SU DIÁLOGO SE FUE PROFUNDIZANDO, YA SEA QUE HABLARAN DE CINE..
Bergman
Fellini
Woody Allen
Ripstein
¡Wenders!
ROXY
HOY
..DE ARTES PLÁSTICAS...
MUSEO
Hockney
Kline
Picasso
Leonardo
Klee
Duchamp
Bosco
Miró
Pistoletto
Grosz
...DE FILOSOFÍA...
Schopenhauer
John Dewey
William James
Hegel
Sartre
Platon
Kant
..DE MÚSICA...
The Beatles
Beethoven
Vengerov
Mozart
Ravel
Piazzola
Kleiber
Martha Argerich
Prokovief
..DE CASAMIENTO...
¡Unión eterna!
¡Sacramento eclesial!
¡Mandato Divino!
¡Hasta morir!
"El matrimonio es un puente que lleva al cielo", dijo Zoroastro.
..DE SU PRIMER BEBÉ...
Caca-popó
Vómito
Mamá'teta, ¿tí?
Lagañas
Mocos
¿Pichulita inflamada?
Culín paspado
Eructito
Pipí
Pancita
¡Ajhó!
Supositorio
¿One tá el tete?
¡Pupa, pobre ángel!

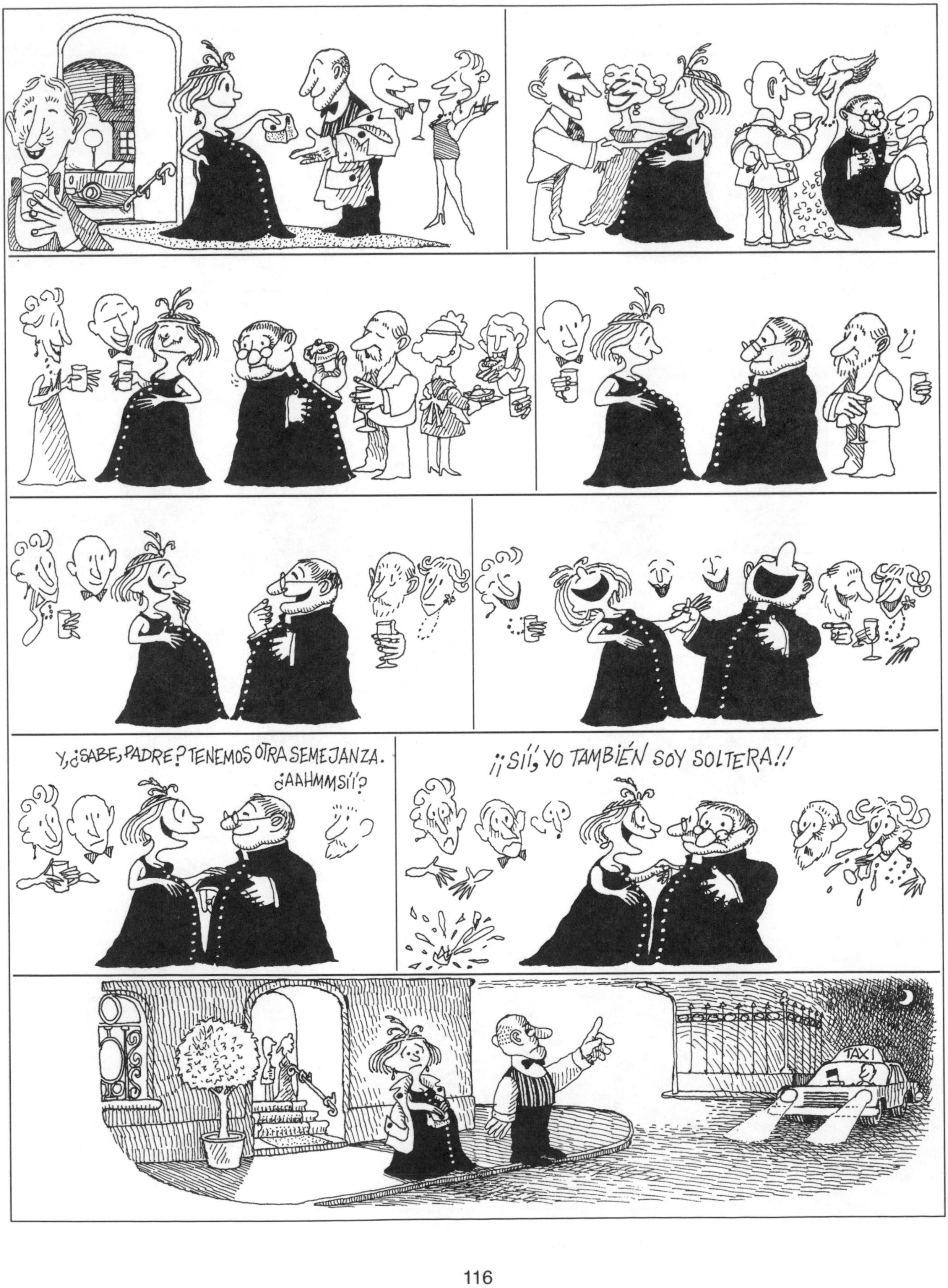
Y, ¿SABE, PADRE? TENEMOS OTRA SEMEJANZA.
¿AAHMMSÍ'Í?
¡¡SÍ'Í, YO TAMBIÉN SOY SOLTERA!!
TAXI

Estado civil:_ _ _ _ _ _ _ _ _

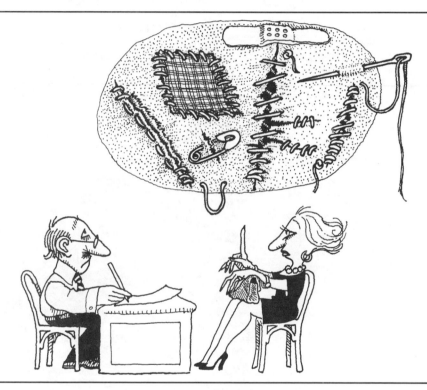

:*normal, para la edad.*

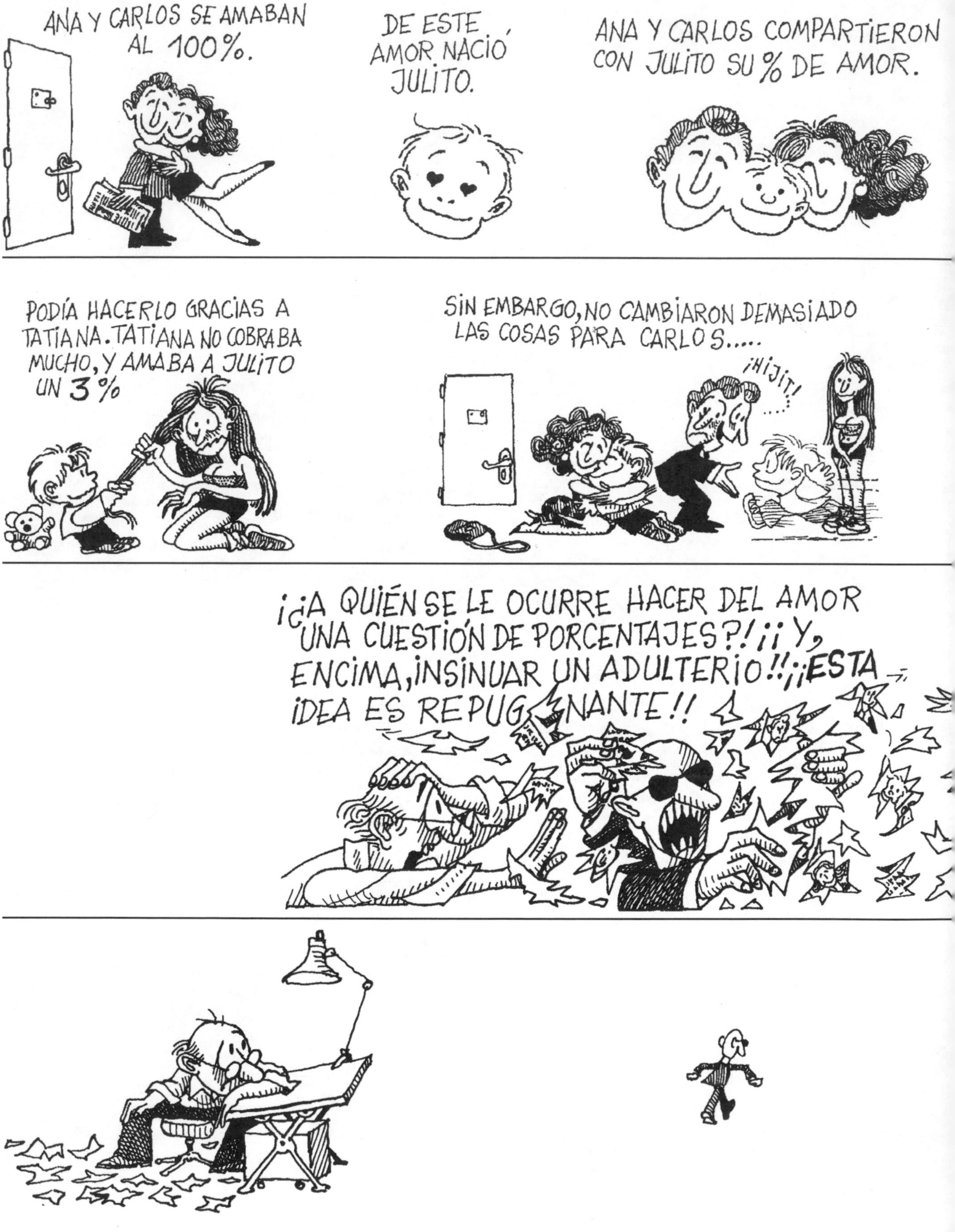
ANA Y CARLOS SE AMABAN AL 100%.
DE ESTE AMOR NACIÓ JULITO.
ANA Y CARLOS COMPARTIERON CON JULITO SU % DE AMOR.
PODÍA HACERLO GRACIAS A TATIANA. TATIANA NO COBRABA MUCHO, Y AMABA A JULITO UN 3%
SIN EMBARGO, NO CAMBIARON DEMASIADO LAS COSAS PARA CARLOS.....
¡HIJIT!
¡¿A QUIÉN SE LE OCURRE HACER DEL AMOR UNA CUESTIÓN DE PORCENTAJES?! ¡¡Y, ENCIMA, INSINUAR UN ADULTERIO!! ¡¡ESTA IDEA ES REPUGNANTE!!

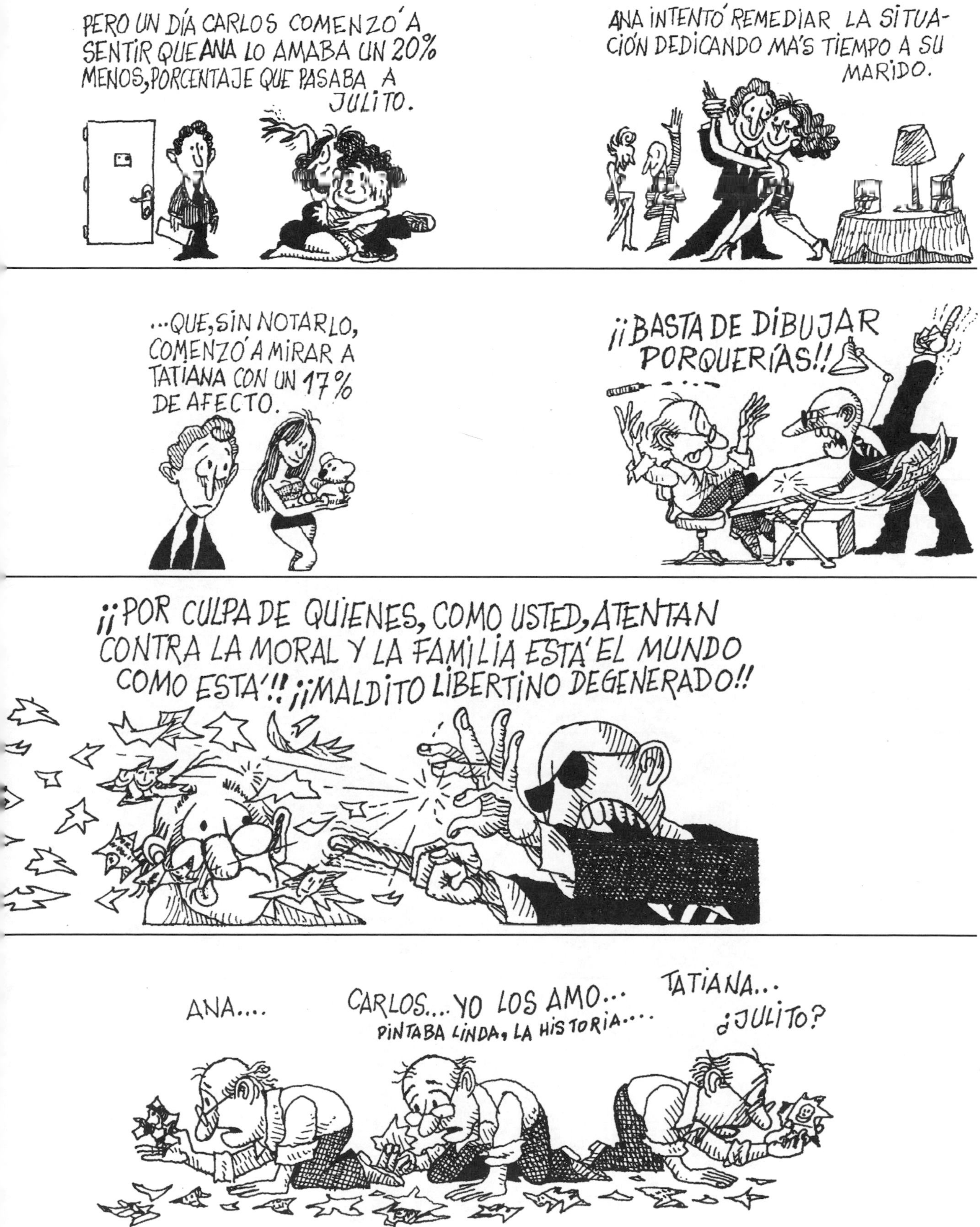
PERO UN DÍA CARLOS COMENZÓ A SENTIR QUE ANA LO AMABA UN 20% MENOS, PORCENTAJE QUE PASABA A JULITO.
ANA INTENTÓ REMEDIAR LA SITUACIÓN DEDICANDO MÁS TIEMPO A SU MARIDO.
...QUE, SIN NOTARLO, COMENZÓ A MIRAR A TATIANA CON UN 17% DE AFECTO.
¡¡BASTA DE DIBUJAR PORQUERÍAS!!
¡¡POR CULPA DE QUIENES, COMO USTED, ATENTAN CONTRA LA MORAL Y LA FAMILIA ESTÁ EL MUNDO COMO ESTÁ!! ¡¡MALDITO LIBERTINO DEGENERADO!!
ANA....
CARLOS.... YO LOS AMO...
PINTABA LINDA, LA HISTORIA....
TATIANA...
¿JULITO?

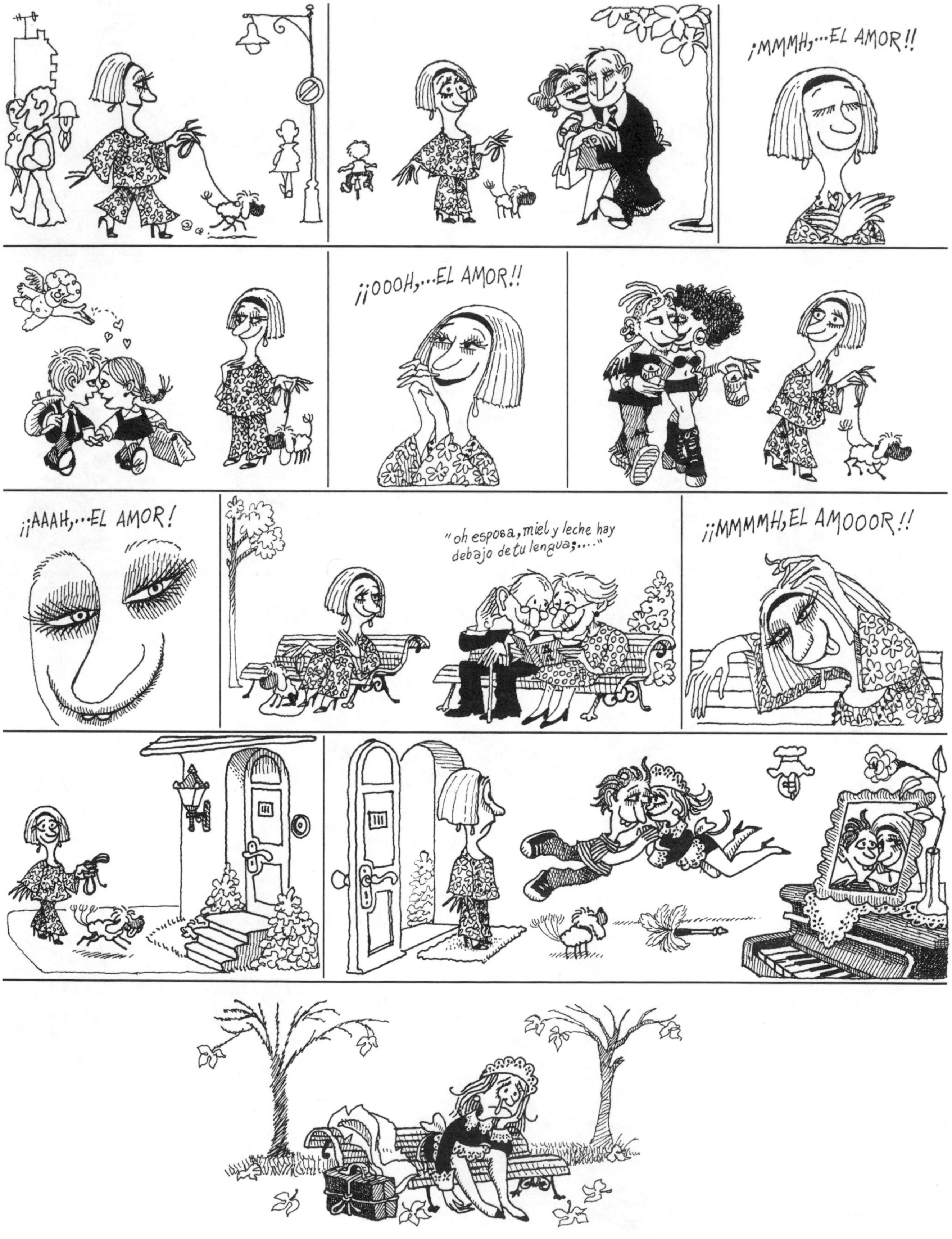
¡MMMH,...EL AMOR!!
¡¡OOOH,...EL AMOR!!
¡¡AAAH,...EL AMOR!
"oh esposa, miel y leche hay debajo de tu lengua;..."
¡¡MMMMH,EL AMOOOR!!

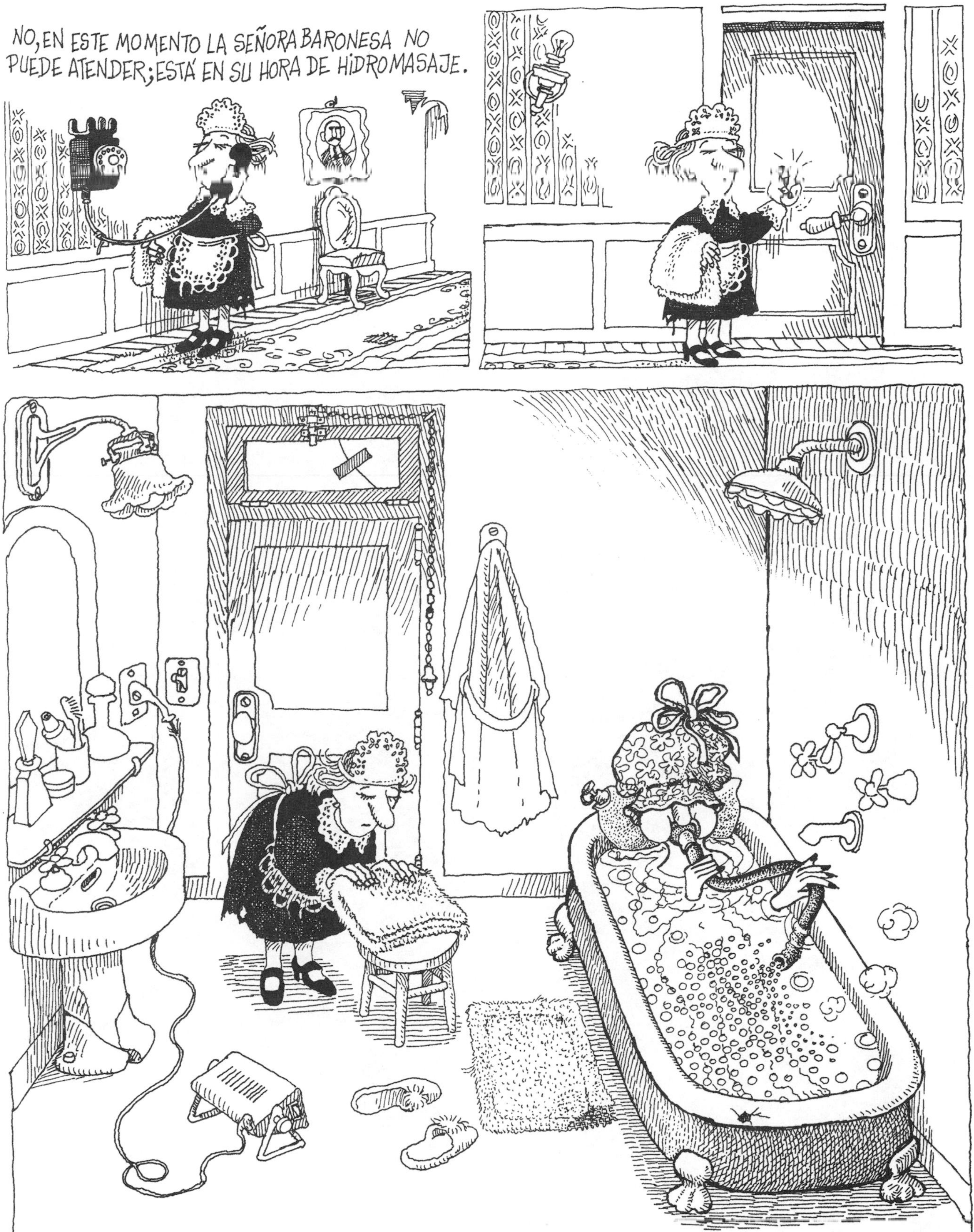
NO, EN ESTE MOMENTO LA SEÑORA BARONESA NO PUEDE ATENDER; ESTÁ EN SU HORA DE HIDROMASAJE.

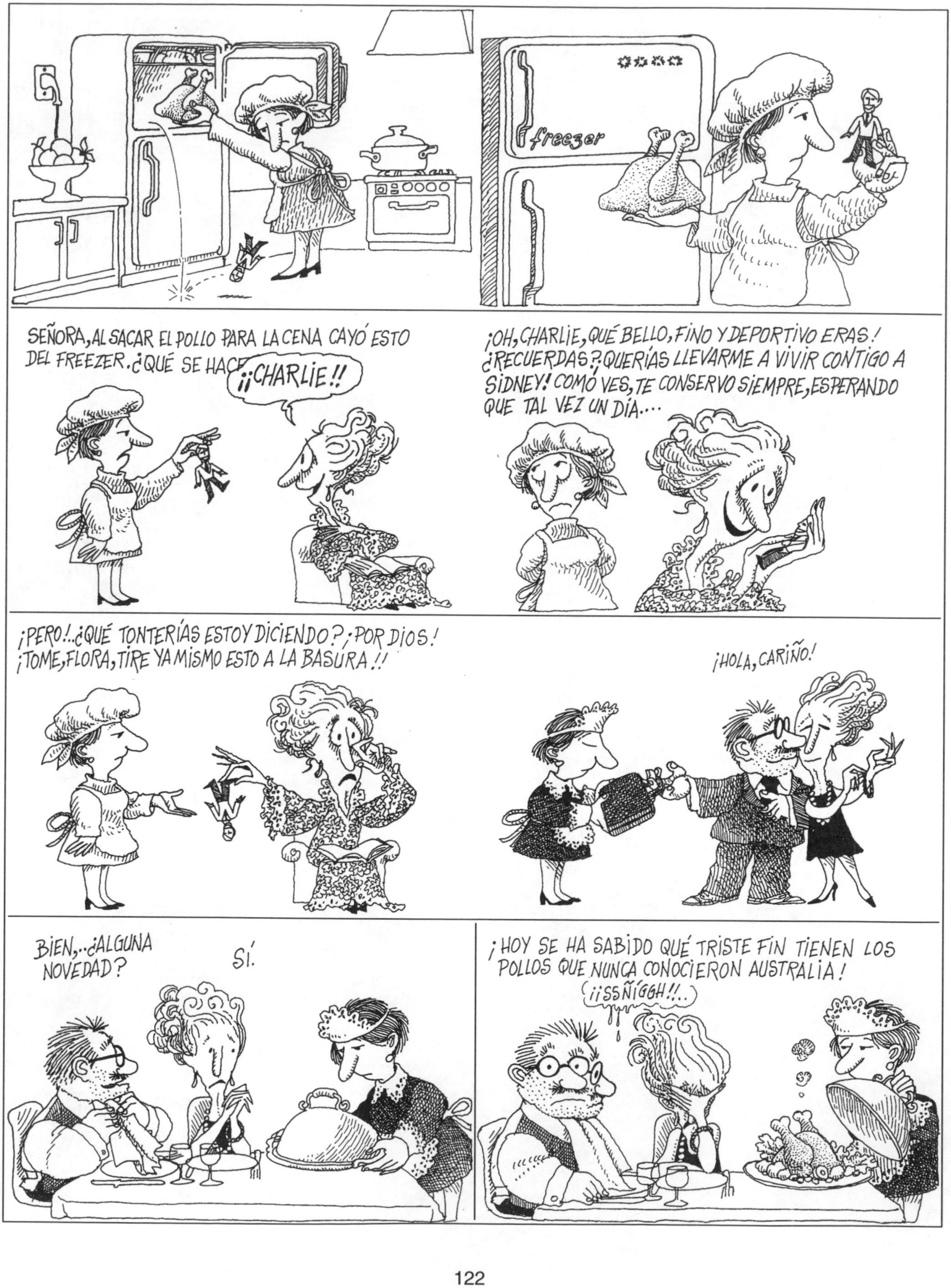

freezer
SEÑORA, AL SACAR EL POLLO PARA LA CENA CAYÓ ESTO DEL FREEZER. ¿QUÉ SE HACE
¡¡CHARLIE!!
¡OH, CHARLIE, QUÉ BELLO, FINO Y DEPORTIVO ERAS! ¿RECUERDAS? ¡QUERÍAS LLEVARME A VIVIR CONTIGO A SIDNEY! COMO VES, TE CONSERVO SIEMPRE, ESPERANDO QUE TAL VEZ UN DÍA....
¡PERO!..¿QUÉ TONTERÍAS ESTOY DICIENDO? ¡POR DIOS! ¡TOME, FLORA, TIRE YA MISMO ESTO A LA BASURA!!
¡HOLA, CARIÑO!
BIEN,..¿ALGUNA NOVEDAD?
SÍ.
¡HOY SE HA SABIDO QUÉ TRISTE FIN TIENEN LOS POLLOS QUE NUNCA CONOCIERON AUSTRALIA!
¡¡SSÑIGGH!!..

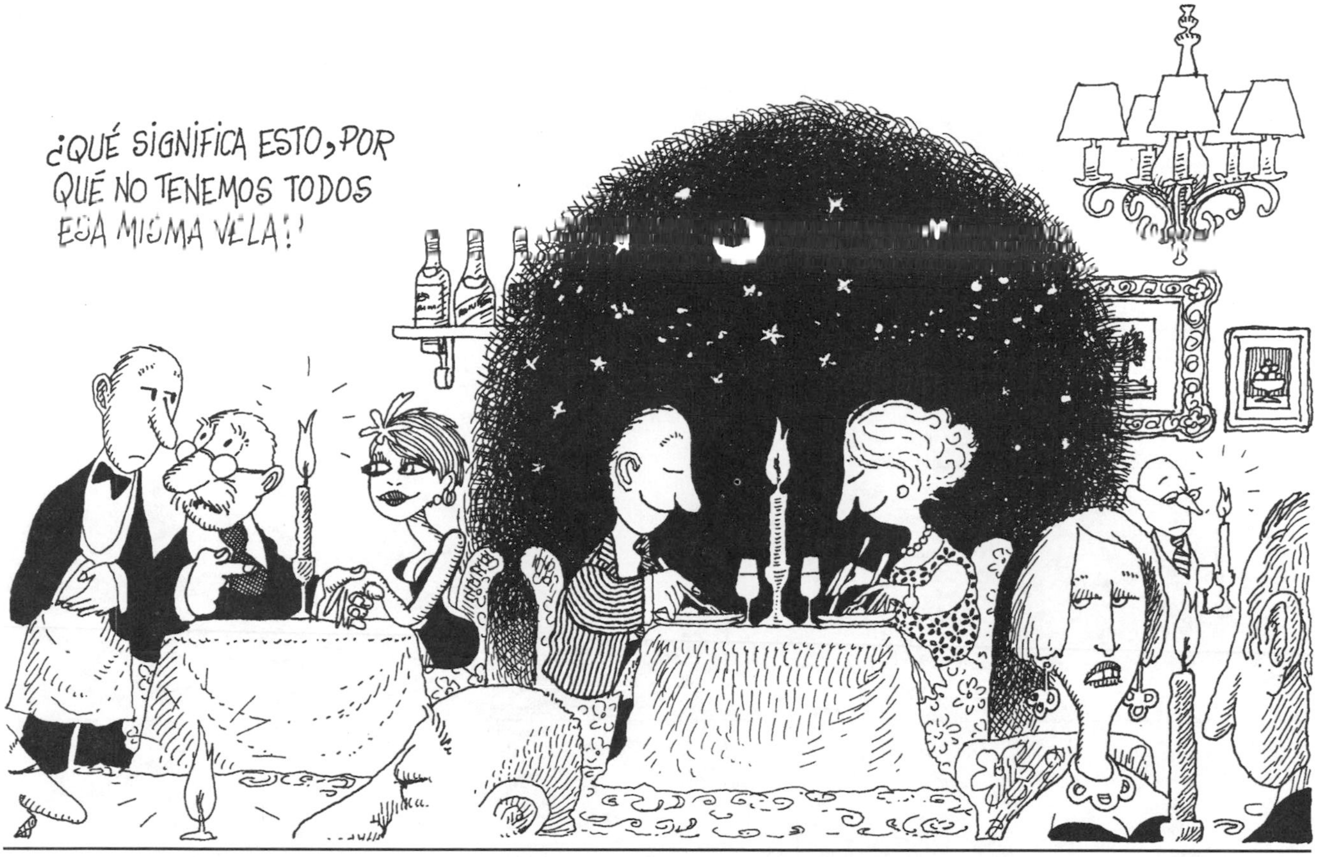
¿QUÉ SIGNIFICA ESTO, POR QUÉ NO TENEMOS TODOS ESA MISMA VELA?!

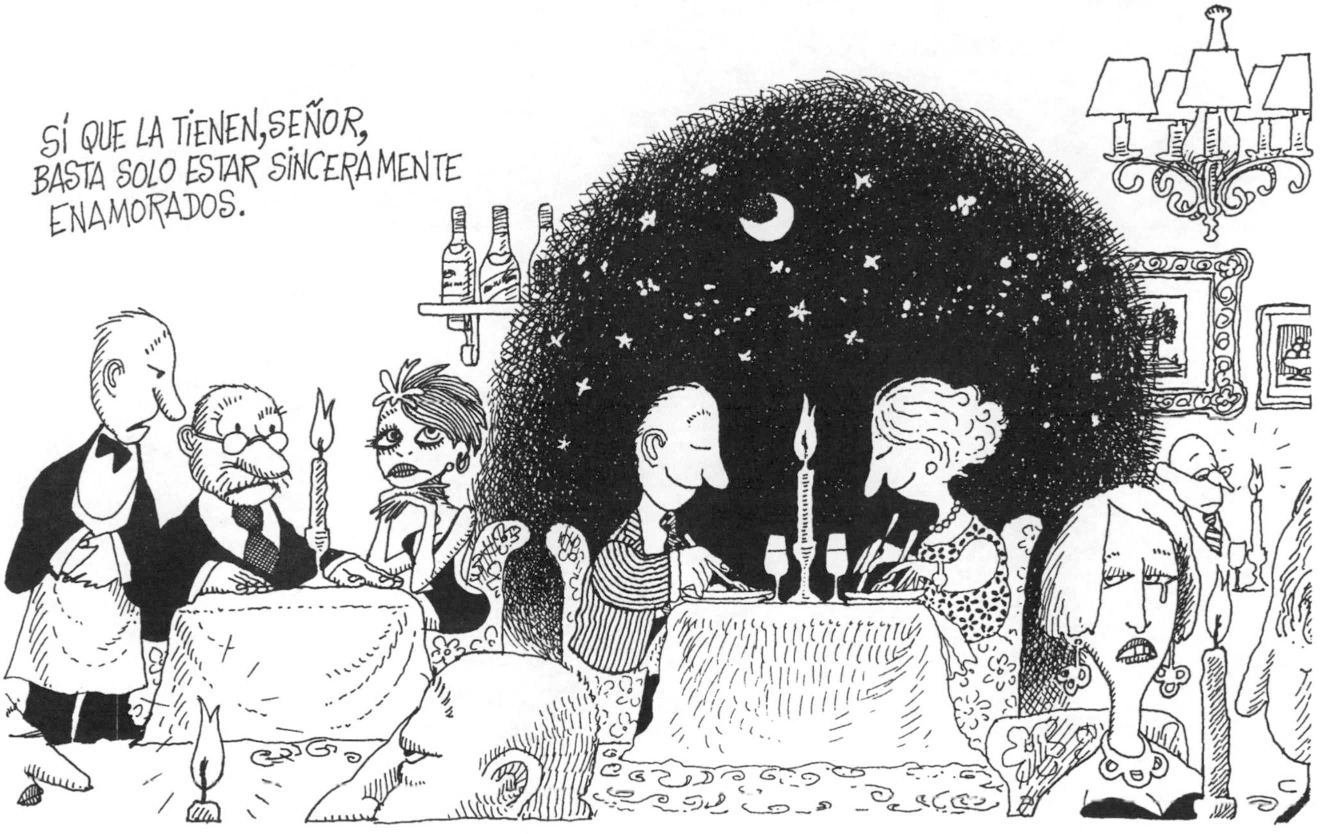
SÍ QUE LA TIENEN, SEÑOR, BASTA SOLO ESTAR SINCERAMENTE ENAMORADOS.

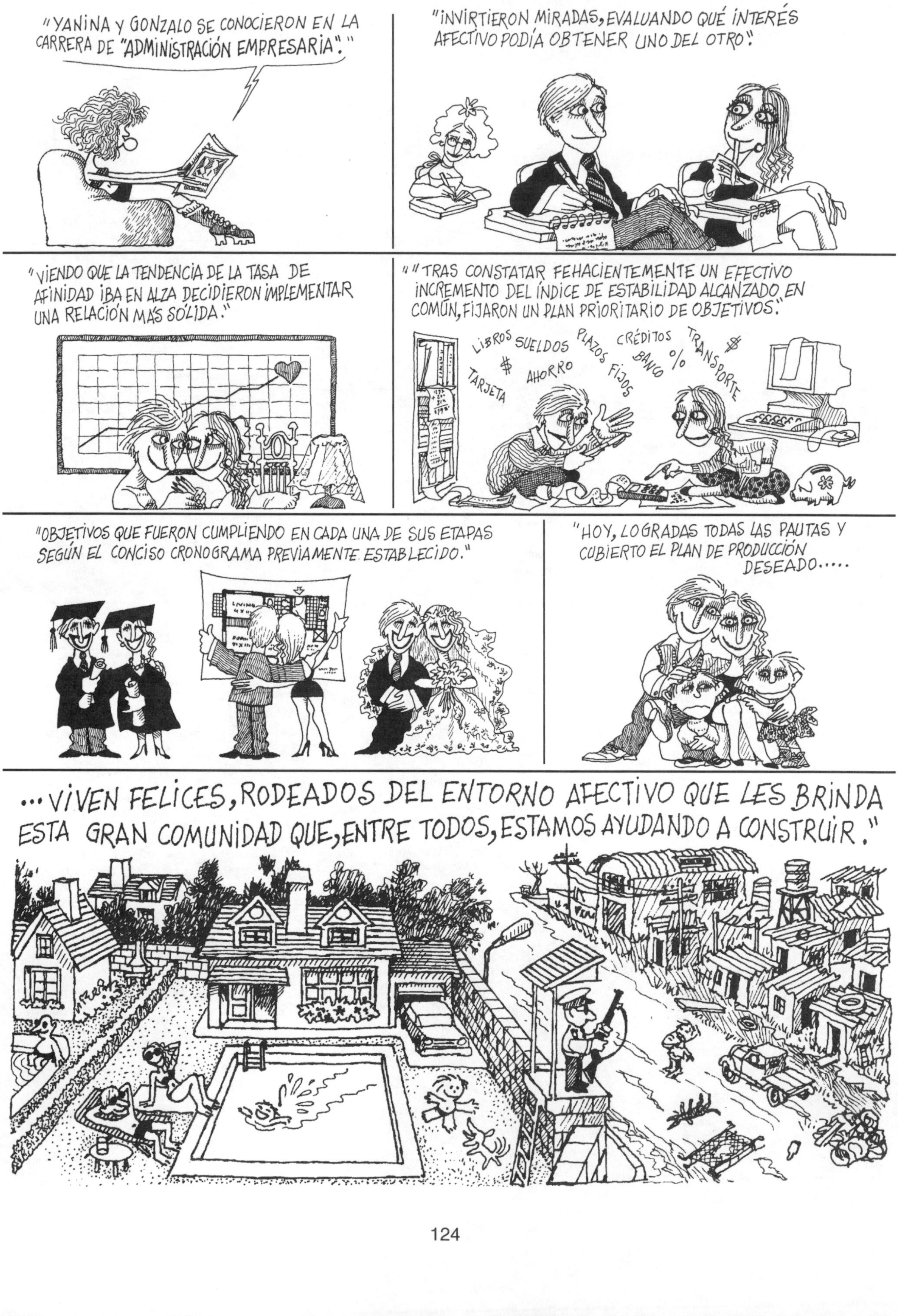
"YANINA Y GONZALO SE CONOCIERON EN LA CARRERA DE "ADMINISTRACIÓN EMPRESARIA"."
"INVIRTIERON MIRADAS, EVALUANDO QUÉ INTERÉS AFECTIVO PODÍA OBTENER UNO DEL OTRO".
"VIENDO QUE LA TENDENCIA DE LA TASA DE AFINIDAD IBA EN ALZA DECIDIERON IMPLEMENTAR UNA RELACIÓN MÁS SÓLIDA."
""TRAS CONSTATAR FEHACIENTEMENTE UN EFECTIVO INCREMENTO DEL ÍNDICE DE ESTABILIDAD ALCANZADO EN COMÚN, FIJARON UN PLAN PRIORITARIO DE OBJETIVOS."
LIBROS
SUELDOS
PLAZOS FIJOS
CRÉDITOS
TRANSPORTE
$
BANCO
%
$
AHORRO
TARJETA
"OBJETIVOS QUE FUERON CUMPLIENDO EN CADA UNA DE SUS ETAPAS SEGÚN EL CONCISO CRONOGRAMA PREVIAMENTE ESTABLECIDO."
LIVING
"HOY, LOGRADAS TODAS LAS PAUTAS Y CUBIERTO EL PLAN DE PRODUCCIÓN DESEADO.....
...VIVEN FELICES, RODEADOS DEL ENTORNO AFECTIVO QUE LES BRINDA ESTA GRAN COMUNIDAD QUE, ENTRE TODOS, ESTAMOS AYUDANDO A CONSTRUIR."

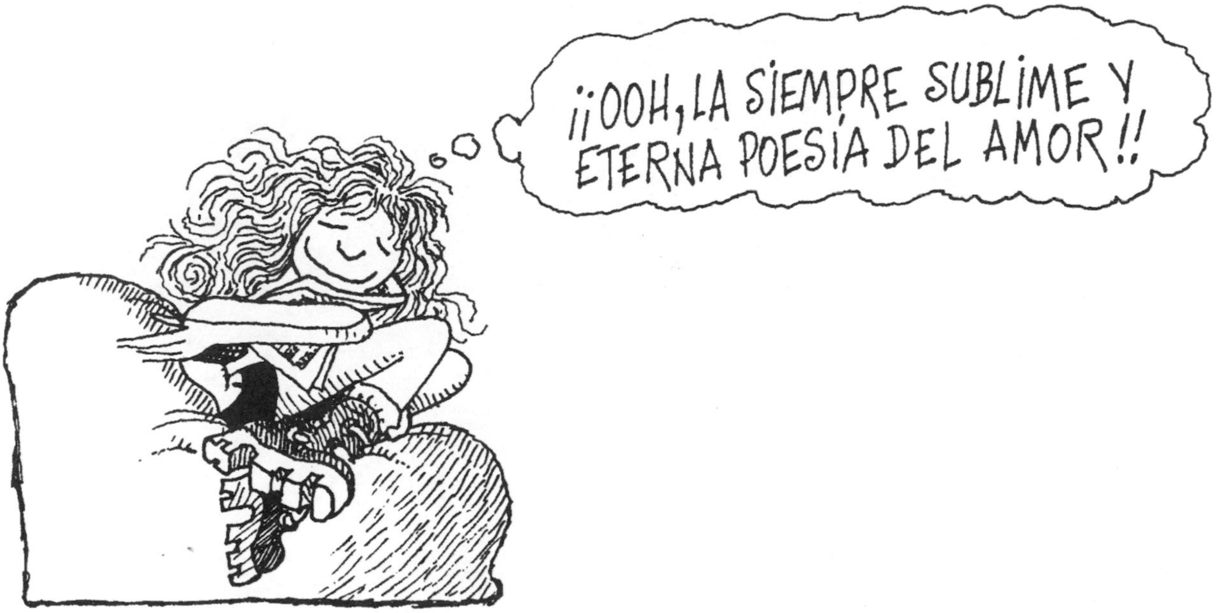
¡¡OOH, LA SIEMPRE SUBLIME Y ETERNA POESÍA DEL AMOR!!

Esta edición de 3.000 ejemplares se terminó de imprimir
en **KALIFÓN S.A.** Humboldt 66 (B1704GMB)
Provincia de Buenos Aires, Argentina, en marzo de 2008.